TRANSFORMA TU HERIDA MATERNA

© 2025, Dra. Lydiana García

Diseño de portada: © Genoveva Saavedra / aciditadiseño
Fotografía de la autora: © Amanda Ron
Imagen de portada: iStock.com / © Svetlana Larshina
Ilustraciones de interiores: Freepik, FreeImages; iStock.com / © Natalya Perevoshchikova
Diseño de interiores: © Guadalupe González

Derechos reservados

© 2025, Editorial Planeta Mexicana, S.A. de C.V.
Bajo el sello editorial DIANA M.R.
Avenida Presidente Masarik núm. 111,
Piso 2, Polanco V Sección, Miguel Hidalgo
C.P. 11560, Ciudad de México
www.planetadelibros.us

Primera edición impresa en esta presentación: agosto de 2025
ISBN: 978-607-39-2409-2

No se permite la reproducción total o parcial de este libro ni su incorporación a un sistema informático, ni su transmisión en cualquier forma o por cualquier medio, sea este electrónico, mecánico, por fotocopia, por grabación u otros métodos, sin el permiso previo y por escrito de los titulares del *copyright*.

Queda expresamente prohibida la utilización o reproducción de este libro o de cualquiera de sus partes con el propósito de entrenar o alimentar sistemas o tecnologías de Inteligencia Artificial (IA).

La infracción de los derechos mencionados puede ser constitutiva de delito contra la propiedad intelectual (Arts. 229 y siguientes de la Ley Federal del Derecho de Autor y Arts. 424 y siguientes del Código Penal Federal).

Si necesita fotocopiar o escanear algún fragmento de esta obra diríjase al CeMPro (Centro Mexicano de Protección y Fomento de los Derechos de Autor, http://www.cempro.org.mx).

Impreso en los talleres de Bertelsmann Printing Group USA
25 Jack Enders Boulevard, Berryville, Virginia 22611, USA.
Impreso en EE.UU. - *Printed in the United States of America*

Dra. LYDIANA GARCÍA

TRANSFORMA TU HERIDA MATERNA

CÓMO SANAR LO QUE NO EMPEZÓ CONTIGO

Diana

Índice

AGRADECIMIENTOS	**5**
PREFACIO	**7**
INTRODUCCIÓN	**12**
CAPÍTULO 1	**18**
▷ La herida: un lugar por donde entra la luz	
CAPÍTULO 2	**48**
▷ Travesía de tu linaje	
CAPÍTULO 3	**92**
▷ ¿Qué es la herida materna?	
CAPÍTULO 4	**139**
▷ Energía femenina y masculina	
CAPÍTULO 5	**186**
▷ Conectando con la madre tierra	
CAPÍTULO 6	**228**
▷ Sanando la herida materna	
Conclusiones	**279**
Recursos	**286**
Acerca de la autora	**287**

Agradecimientos

Comienzo dándole gracias al Creador y la Madre Creadora. Ustedes se sintieron muy fuerte en mi durante este camino, y su dirección a través de la simbología, los ángeles terrenales, y los mensajes en las meditaciones y otros medios divinatorios, me ayudaron a reclamar partes de mí que ni sabía que estaban perdidas.

Honro con amor a mis padres, Javier Osvaldo García Ayala y Diana María Suazo Nieves, por darme la vida y abrirme el camino. De igual forma, gracias a mi linaje y ancestros, su protección y amor fue sentido. En especial a mi abuela Lydia. Sentí tu presencia viva en mi durante todo este camino. Espero que te haya gustado todas las rosas que traje mientras escribía.

Gracias a mi esposo, Anastacio (Taso) que me mantenía alimentada, entretenía a nuestros hijos, y me daba palabras de aliento cada vez que me desanimaba. A él era que iba a contarle cada logro y mega-AHA que me llegaba mientras escribía el libro. También me brindó apoyo con cada paso que realizaba en mi despertar femenino. Gracias infinitas, te amo.

A mis hijos Luna y Tiago que veían a su mamá escribiendo en la oficina, perdiéndose cumpleaños de sus amiguitos, algunos juegos de soccer y otras actividades escolares. Espero que algún día lo vean cómo recuerdo e inspiración a que sigan su camino, sus pasiones y misiones. Mamá siempre les apoyará y brindará amor incondicional.

Gracias a la Madre Naturaleza, en especial la tierra dónde mayormente escribí este libro: Tampa, Florida (Lugar de los Seminoles, Mascogo, Tocobaga y Miccosukee) que sus habitantes incluyen unos pájaros hermosos de diferentes tamaños, así como cisnes, patos, pitirres, y muchos otros insectos, y cocodrilos. Gracias por brindarme su espacio, acompañamiento y sabiduría.

Gracias a mis amistades y su apoyo en este camino. Gracias a mis maestras y guías, ustedes hicieron que el camino fuera más placentero.

PREFACIO

Nuestros nombres cargan nuestra historia. Esto lo comprendí al crecer en Puerto Rico. Todo comenzó cuando me nombraron Lydiana; mi abuela materna se llama Lydia, y mi mamá, Diana. Mi caso es muy claro: yo soy la unión madre-hija-nieta, y ellas me otorgaron el detonante para la hermosa misión de trabajar con madres e hijos.

Por alguna razón que aún desconozco, la mayoría de las personas tenían dificultad al pronunciar mi nombre. Lo confundían con Iliana, Liliana, Lydia o Viviana. Soy de la época de los mensajeros *beepers*, esos aparatos que vibraban cuando llegaba un mensaje, y recuerdo tener que deletrear mi nombre cada vez que iba a enviar uno. También me recuerdo corrigiendo a las personas y luego dejándolas que lo dijeran como querían; tal es el caso de mi suegro, que hasta el sol de hoy me llama Liliana.

Cuando comencé las prácticas de Psicología del doctorado en Puerto Rico, descubrí mi pasión por trabajar con adolescentes, en especial con los que no se sentían amados por sus padres. En vez de expresarlo verbalmente, se desquitaban con conductas desafiantes y riesgosas. Al trabajar con ellos siempre integraba a sus padres o cuidadores, y no mucho tiempo después hacía citas de familia, mayoritariamente con sus mamás.

En las citas con las madres, lo que más disfrutaba era ayudarles a conectar mejor a través de juegos de cartas y de mesa. Verlos reír juntos me llenaba de alegría. Y aunque yo no era mamá aún, buscaba conectar con ellas y conocer sus perspectivas de lo difícil que era la crianza.

Durante estas interacciones con adolescentes y jóvenes, comencé a entender que gran parte de lo que sufrían o experimentaban estaba ligado a sus mamás. Venimos de ellas. Nos formamos en su vientre. Estuvimos conectados a sus cuerpos a través del cordón umbilical, el cual nos proveía de alimentación y nutrición. Esta unión no solo fue física, sino también emocional y espiritual. A través de esa profunda conexión, no solo heredamos la vida, sino también patrones, heridas y experiencias que se transmiten de generación en generación. En consecuencia, la historia de mamá y por lo que pasó cobran una relevancia crucial en nuestra vida y en el trabajo de sanación personal.

Este trabajo lo hice por ocho años, hasta que tuve a mi hijo y ya nada fue igual. En esa época cambié de trabajo, y aunque veía a algunos adolescentes en mi práctica privada, no representaban la mayoría de los casos que atendía.

Cinco años después, en medio de la pandemia en 2020, llegó el nacimiento de mi hija. En ese entonces reduje mi clientela significativamente para estar en casa cuidándola y asegurándome de que mi hijo tomara clases a distancia.

Extrañaba el trabajo con las mamás y sus hijos, por lo que mi mente planteaba diferentes ideas para retomarlo. En 2021, fui al viaje de despedida de soltera de mi hermana, y en una tienda (Ross), vi una figurita de una mujer africana con una hija. Ambas vestían trajes coloridos y estaban tomadas de la mano. Sentí que me la tenía que llevar, y así fue.

La puse en mi altar y, mientras hacía mis ceremonias para conectar y cocrear ofrecimientos dentro de mi negocio, cada vez que la miraba, decía en mi mente: «Algún día regresaré a trabajar con las mamás y sus hijos».

En el verano de 2022, semanas antes de mudarme de estado, a Florida, asistí a un evento de solsticio de verano dirigido por mi amiga Rocío Navarro. Luego de la hermosa ceremonia, que para mí significó cerrar el capítulo de vivir en Los Ángeles, fui con ella y sus amigas a un restaurante para desayunar. Allí, una de las chicas que nos acompañaba, co-CEO de una organización hermosa de inspiración y servicios a latinas empresarias (#WeAll Grow), mencionó que me podía referir a las chicas del pódcast *Se Regalan Dudas*, ya que necesitaban personas para entrevistar.

Terminé siendo entrevistada en el pódcast sobre el tema del *burnout* en agosto de 2022. En diciembre de ese año, me contactó la editora de este libro para proponerme que escribiera una obra sobre la sanación de la herida materna. Mi primera reacción fue pensar: «¿Cómo se metió en mi mente y supo que me interesa ese tema, cuando yo no he escrito ni he hablado nada al respecto?». Luego de varios meses de trabajo, aquí está el resultado. Lo que no me esperaba era que el libro me encaminaría a otra pasión: el despertar femenino para restaurar las energías masculinas y femeninas en el planeta.

Con esta historia, además de contarte de dónde surge el tema, espero inspirarte a que conectes con tus pasiones siguiendo las pistas de objetos, arte, símbolos, etc. Hay algo ahí para ti. Confía y toma acción cuando se te ofrezca la oportunidad de comenzar a sanar todo eso que no comenzó contigo, pero que, de alguna forma, te sigue doliendo.

Notas aclaratorias
Uso del lenguaje de género

Para facilitar la lectura, en este libro se utiliza el español convencional, en el que a menudo se emplea masculino o femenino de forma genérica (por ejemplo, «los hijos» o «las hijas»). Sin embargo, reconocemos y respetamos la multiplicidad de identidades que existen más allá del binario hombre-mujer. En ningún momento buscamos invalidar o excluir a las personas no binarias u otras identidades de género. Siéntete libre de adaptar el contenido a tu propia vivencia y circunstancias.

Prácticas ceremoniales e inspiración en tradiciones originarias

En algunos capítulos se hacen referencias a ceremonias y prácticas inspiradas en comunidades y pueblos originarios con quienes guardo un profundo respeto. Estas menciones parten del agradecimiento y la admiración por la sabiduría ancestral, no de la intención de apropiarme de ellas ni de romantizar su cultura. Te invito a acercarte a estas tradiciones con la misma humildad, recordando el valor, la historia y la resistencia de las comunidades que han sabido preservar estos conocimientos a lo largo de los siglos.

INTRODUCCIÓN

La herida es el lugar por donde entra la luz.
RUMI

Nuestro mundo ha atravesado diversas transformaciones milenio a milenio. En la época en que empecé a escribir este libro, se incrementaron los conflictos humanos: el genocidio en Gaza se sumó a los que están pasando alrededor del mundo, incluidos los de Yemen, el Congo, Guatemala, Perú, Ecuador y Haití. Hay más huracanes de categorías 4 y 5; terremotos que superan los 6.5 grados en la escala de Richter; actividad volcánica en donde no la había; sequías, inundaciones y muchos más desastres naturales.

Estamos en un momento clave en la historia de la humanidad que nos urge a hacer cambios para la subsistencia humana.

El llamado que yo estoy recibiendo o, mejor dicho, escuchando, es de reflexión sobre el daño causado en la humanidad, de asumir responsabilidad y de cambiar. Tenemos que reconectarnos con la madre tierra y crear prácticas no solo sustentables, sino también regenerativas, y para ello debemos comenzar por nosotros mismos.

Las personas desvalorizamos lo que nos da y sustenta la vida y estamos desconectadas de la naturaleza. Nos sobreidentificamos con la energía masculina y, en nombre de la sobrevivencia, justificamos dañar lo que percibimos como un obstáculo en nuestro camino: personas, terrenos, animales, plantas, cuerpos de agua, etcétera.

De ahí surge la importancia de hablar y buscar maneras para ir sanando las heridas maternas.

Imagina conmigo lo siguiente: ¿Cómo sería el mundo si las personas hubieran tenido una figura materna que los hubiera amado incondicionalmente y les hubiera inculcado una conexión con la naturaleza de respeto mutuo? ¿Cómo sería un mundo donde las mamás recibieran el apoyo de la comunidad en la crianza? Yo creo que muchas cosas serían distintas.

En este libro explorarás diferentes aspectos que componen las heridas maternas y que son claves importantes en el proceso de su sanación, como los traumas generacionales, la restauración de la energía femenina y su balance con la energía masculina, la reconexión de tu esencia natural, y el restablecimiento de tu vínculo con la naturaleza.

Como experta en el campo de sanación del trauma desde lo holístico, y con la voluntad de que este libro te ayude, inicio cada capítulo con una invitación ceremonial e incluyo muchas pausas durante la lectura en las que te invito a reflexionar con algunas preguntas y a practicar la atención plena. Estas pausas están ubicadas en momentos clave. La mejor manera para sanar traumas es ir despacio, incorporando tiempos de descanso y contemplación. Esto permite calmar el sistema nervioso, ya que evita sumarse a la rapidez con la que se vive, que es la causa principal del estrés, y este predispone a tu cuerpo a las respuestas traumáticas.

En las próximas páginas, profundizaremos en cómo estas heridas son traumáticas y te brindaré recursos para ayudar a regular y gestionar tus sensaciones y emociones, además exploraremos cómo estas heridas se transmiten de generación en generación, lo que nos lleva a comportamientos y creencias que minan nuestra autoestima y dañan nuestras relaciones. Analizaremos también cómo el rechazo a lo femenino impacta a la madre y la relación con sus hijos, y la conexión con la naturaleza como fuente de sanación, factores que no solo nos fortalecen de manera personal, sino que pueden ser puente para reconstruir el equilibrio colectivo en el planeta. Y finalizaremos con destrezas para ayudarte a sanar y transformar tu herida materna.

El recorrido que te propongo no es rápido ni lineal; requiere paciencia, pausas y compasión contigo mismo. Puedes asimismo ir de capítulo en capítulo, o escoger de forma intuitiva con el que prefieras comenzar. Todo está diseñado para que puedas integrar gradualmente la información y procesar tus emociones de manera segura.

PREPARACIÓN
PARA LEER ESTE LIBRO

Este libro fue creado para ayudarte en tu camino de sanación a través del reconocimiento de tu perspectiva y la de tu mamá. El propósito es que expandas tu mirada amorosa y compasiva no solo contigo, sino también con ella para promover los pasos de duelo sobre la madre que quisiste o necesitaste, aceptar la que tienes o tuviste, y rematernarte cumpliendo tus necesidades desde una mirada amorosa y compasiva.

Antes de continuar la lectura, te recomiendo lo siguiente:

- ◇ Reflexiona sobre la intención que tienes al leer este libro; mientras más específica sea, mejor.
- ◇ Tómalo con calma, sin prisa. Participa en las pausas recomendadas (las de atención plena y las reflexivas), para que el material pueda ser integrado de manera más sutil, lo que promueve una mayor sanación.
- ◇ Ten una libreta de vida para que reflexiones a partir de la información que vas aprendiendo y redescubriendo.
- ◇ Graba las meditaciones con tu voz, o ve al enlace que se incluye para descargarlas: <https://www.lydianagarcia.com/transforma-tu-herida-materna>.

Si bien hablaremos de temas sensibles, tales como traumas familiares y heridas ancestrales, mi deseo es que este libro te brinde esperanza y te acompañe con ternura. Te invito a participar plenamente, usando las herramientas propuestas y, sobre todo, a darte el tiempo de integrar cada nueva comprensión.

Al sanar la herida materna, no solo abres camino para una vida más plena y compasiva, sino que también siembras la semilla de un cambio global. Ser hijo de una madre que quizas no supo amarte del todo no tiene por qué condenarte. Tu presencia consciente puede transformar patrones destructivos y, en su lugar, propiciar una relación más sana contigo mismo, con los demás y con la tierra que habitamos.

¡Te doy la más cordial bienvenida a este viaje! Ojalá te inspire a abrazar tu propia historia, a reconocer las raíces profundas de tu dolor y a convertirlo en luz, no solo para ti, sino para quienes caminan a tu lado y para las generaciones que vendrán.

CAPÍTULO 1
La herida: un lugar por donde entra la luz

La casa de huéspedes

Este ser humano es una casa de huéspedes.
Cada mañana una nueva llegada.
Una alegría, una depresión, una mezquindad,
alguna conciencia momentánea llega
como un visitante inesperado.
Dales la bienvenida y recíbelos a todos.
¡Incluso si son una multitud de penas
que barren violentamente tu casa
y la vacían de sus muebles!
Aun así, trata a cada huésped honorablemente.
Puede estar limpiándote
para algún nuevo deleite.
El pensamiento oscuro, la vergüenza, la malicia,
recíbelos en la puerta riendo,
e invítalos a entrar.
Sé agradecido por quienquiera que venga,
porque cada uno ha sido enviado
como un guía desde más allá.

RUMI

Invitación ceremonial

Te invito a que, en este momento, traigas a tu mente los «huéspedes» de tu casa: tus emociones, heridas y experiencias de vida difíciles. Luego de traerlos y sentirlos, te invito a que repitas en voz alta: «Hola, heridas. Ustedes son mis heridas, las heridas que recibí mientras crecía; heridas que me causan mucho dolor. La mayoría de las veces las ignoro o pongo en un cajón bajo llave. Pero hoy las reconozco y acepto como mis heridas. Desde hoy las cuido. Las limpio. Les doy cariñitos. Las curo. Las apapacho. Las integro a mi vida. Son parte de mí, una parte vulnerable que requiere mucho amor y cuidado. Y desde ya las amo. Dejo de poner la responsabilidad de cuidarlas en los demás. Son mis heridas. Me convierto en su guardián y cuidador. Esto lo hago con el apoyo de mis guías y maestros, y con el propósito de alquimizarlas y transformarlas en amor. Hecho está».

Todos nosotros tenemos dolores profundos, y si crees que no los tienes, probablemente se debe a que no te has dado el tiempo de pensar en lo que te ha atravesado de manera definitiva. Te invito a que te permitas sentir aquello que te causa dolor: una burla, una promesa rota, incluso la muerte de alguien a quien amabas o de una amistad. Date la oportunidad de revisar tu pasado y explorar esa parte de ti que te duele, pero que, si la transformaras, te haría más fuerte, más luminoso y, sobre todo, te daría tranquilidad.

A lo largo de mis 16 años de experiencia con pacientes, he tenido casos verdaderamente particulares y me he profesionalizado con estudios académicos; así, he desarrollado una visión integral sobre el trauma que ahora te presento aquí para que puedas sanar las heridas que se generaron en algún momento de tu vida o que, incluso, te han heredado sin que ni siquiera lo notaras. En esta visión incluyo diferentes perspectivas y modelos, como la terapia somática, el *eye movement desensitization and reprocessing* (EMDR, por sus siglas en inglés, que significa «desensibilización y reprocesamiento por movimiento ocular») y otros modelos cognitivo-conductuales y humanistas.

Quiero acompañarte en este camino de una manera integral: con diferentes puntos de vista para que puedas abordar las heridas desde lo más profundo de tu ser y tengas todas las herramientas necesarias para reconocer lo que les pasa a tu cuerpo y a tu mente cuando una experiencia traumática se activa en ti.

¿QUÉ ES EL TRAUMA?

Alguna vez has pasado por un lugar en el que aconteció un evento importante negativo en tu vida (terminaste con tu primer amor, te despidieron de tu trabajo, te enteraste de una mala noticia, entre otros) y, de repente, sentiste un nudo en el estómago, tus manos sudaban y una oleada de ansiedad te invadía. Solo querías alejarte de allí lo más rápido posible. Esos momentos en los que un lugar familiar desencadena una reacción emocional intensa son ejemplos de cómo las experiencias traumáticas se manifiestan en nuestra vida, incluso sin que nos demos cuenta. Todos hemos pasado por experiencias dolorosas que nos marcan y que continúan afectándonos; a esto se le llama «trauma».

El trauma se refiere a las repercusiones profundas y prolongadas que una o múltiples situaciones tienen en tu bienestar emocional, físico y mental. Estas experiencias pueden poner en peligro tu sentido de seguridad y estabilidad, y tener un impacto duradero en tu vida. Es importante comprender que el trauma no se limita a los eventos en sí, sino también a la manera en la que tú reaccionaste y sigues reaccionando frente a ellos. Esta respuesta emocional y física ante el trauma puede manifestarse de diversas formas, desde la ansiedad y el estrés crónico hasta trastornos de estrés postraumático y dificultades para regular las emociones. En resumen, el trauma abarca tanto las experiencias traumáticas en sí como las secuelas que estas dejan en tu vida y en tu percepción del mundo.

En los capítulos posteriores brindo una definición más completa de la herida materna, pero quería darte el contexto de cómo esta es un tipo de trauma. Tiene repercusiones profundas y prolongadas en nuestra vida al afectar nuestro bienestar emocional, físico y mental. Impacta nuestro sentido de seguridad en las relaciones; por ejemplo, nos sentimos como si nadie estuviera ahí para nosotros y, por tal razón, nos proyectamos a la defensiva y nos alejamos. También nos afecta al no cuidarnos, ofrecernos compasión y amor —esto se nota en la manera en que trabajamos en exceso, ponemos nuestro valor en lo que producimos y no en quienes somos, y nos sobreexigimos—. Se nos dificulta gestionar ciertas emociones, como la ansiedad, la tristeza, la ira o la irritabilidad. Y este ciclo se sigue repitiendo en las siguientes generaciones.

Reacciones asociadas con experiencias traumáticas

Existen muchas reacciones asociadas con la experiencia del trauma. Te mencionaré unas cuantas y quisiera que pensaras si las has enfrentado en algún momento de tu vida y también en cuáles de las que experimentas ahora se relacionan con tu herida materna. No temas reconocerlas; solo así podrás avanzar:

▷▷▷ Repetición de la experiencia traumática a través de sueños, pensamientos, imágenes y sensaciones como si regresaras a ese momento.

▷▷▷ Evitación consciente de pensar en ello: no ir a lugares ni pasar tiempo con personas que te recuerden lo sucedido.

▷▷▷ Un aumento en la necesidad de estar alerta ante una posible situación similar (hipervigilancia); estás fácilmente sobresaltado o tienes irritabilidad, dificultad para concentrarte, miedo, dificultades para conciliar o mantener el sueño.

▷▷▷ Cambios en la perspectiva sobre ti mismo, los demás y el mundo (por ejemplo: «Soy malo, los demás están ahí para lastimarme y el mundo es peligroso»); sentimientos de culpa y vergüenza; baja autoestima o autovaloración.

▷▷▷ Disociación que puede manifestarse como un aumento en el ensueño; no recordar cómo llegaste a algún lugar o qué estabas haciendo; amnesia, sentirte entumecido, ajeno a tu cuerpo o como si el mundo no fuera real.

▷▷▷ Síntomas depresivos como tristeza, desesperanza e incluso ideaciones suicidas.

▷▷▷ Dificultades interpersonales que incluyen tener problemas para relacionarse con los demás, no sentirse cercano a las personas, miedo al abandono y aislamiento.

Tipos de trauma

Sin importar cuál de los síntomas anteriores has presentado, debes saber que no todos los traumas son iguales. Una infidelidad puede repercutir de manera diferente que un abandono o una muerte repentina. Aquí descubrirás que todas esas heridas son profundas y no por ello menos relevantes. La literatura sobre el trauma ha hecho referencia a sus diferentes tipos, incluidos el «trauma pequeño (t)», el «trauma grande (T)» y el «trauma acumulativo (C, por su inicial en inglés)». A continuación, los describo de manera más clara.

El trauma pequeño (t)	Se refiere a eventos que la mayoría no consideraría traumáticos, pero que el individuo sí lo hizo. Algunos ejemplos de trauma pequeño son los siguientes: procedimientos médicos, burlas, mordeduras de perro, terminar una relación, una caída y mudanza.

El trauma grande (T)	Se refiere a los eventos típicos que la mayoría de las personas asocian con la palabra *trauma*. Por ejemplo: desastres naturales, violencia relacionada con la guerra, agresión sexual, abuso o maltrato infantil, accidentes automovilísticos y experiencias cercanas a la muerte.
El trauma acumulativo (C)	Se refiere al trauma acumulado que puede resultar de la opresión sistémica, el racismo, el prejuicio, las microagresiones, la pobreza, el colonialismo y otras experiencias similares.

Cuando alguien ha experimentado muchos traumas o durante un largo periodo, el resultado puede considerarse un «trauma complejo». Otro tipo de trauma relevante es el «trauma del desarrollo», el cual se refiere a los eventos que ocurrieron en la infancia y que suelen tener un impacto significativo en nuestros vínculos, en nuestra capacidad para relacionarnos con los demás y en sentirnos seguros. Y, por último, es importante mencionar el «trauma ancestral», lo que heredamos de nuestro linaje (dediqué el segundo capítulo a la influencia del trauma ancestral en la herida materna).

La herida materna abarca todos estos aspectos, desde experiencias de «trauma pequeño» por los comentarios y maltratos que recibimos de nuestra madre, o de un «trauma grande» al experimentar una situación mayor con ella (altercado físico, abandono, duelo, etc.), hasta un «trauma acumulativo» resultante de las opresiones que ella recibió de su madre y uno «del desarrollo» al haber afectado los vínculos entre tu madre y tú.

Test para identificar tipos de trauma

Instrucciones: Marca con un ✗ si has experimentado alguna de las siguientes situaciones.

Trauma grande

○ 1. He vivido desastres naturales (terremotos, huracanes, inundaciones…) que me causaron terror, mucho estrés o pusieron en peligro mi vida o la de un familiar.

○ 2. He experimentado violencia relacionada con la guerra o conflictos armados de manera directa, a través de un familiar o de manera vicaria (como expectador), que me causó terror o mucho estrés, o que puso en peligro mi vida o la de alguien cercano.

○ 3. He sido víctima de agresión sexual, violencia sexual o acoso sexual.

○ 4. Sufrí abuso o maltrato durante mi infancia, incluidos, entre otros, abuso físico (me pegaban), emocional/psicológico (me insultaban y manipulaban).

○ 5. He estado involucrado en un accidente automovilístico que me causó mucho miedo o puso en riesgo mi vida.

6. He tenido alguna experiencia cercana a la muerte.

Trauma pequeño

7. He pasado por procedimientos médicos estresantes o traumáticos.
8. He sido objeto de burlas, acoso escolar o humillaciones constantes.
9. He tenido experiencias negativas con animales, como mordeduras de perro.
10. Terminé una relación que me dejó profundamente afectado.
11. Sufrí una caída que me causó miedo o ansiedad persistente.
12. Me mudé y esto me generó estrés o sentimientos de pérdida significativos.

Trauma acumulativo

13. He experimentado discriminación u opresión sistémica debido a mi raza, género, orientación sexual u otra identidad.
14. He sido víctima de racismo, prejuicios o microagresiones de forma recurrente.
15. He vivido en condiciones de pobreza que han afectado a mi familia o a mi árbol genealógico.
16. Yo o alguien de mi árbol familiar viene de un país que fue colonizado y explotado, y que sufrió genocidios

de sus pobladores aborígenes, porque fueron vistos como inferiores a los colonizadores.

Trauma complejo

○ 17. He experimentado múltiples traumas a lo largo de mi vida.
○ 18. He vivido situaciones traumáticas durante un periodo prolongado de tiempo.

Trauma del desarrollo

○ 19. Sufrí traumas durante mi infancia y niñez que impactaron la relación con mis padres/cuidadores.
○ 20. Estos traumas han impactado significativamente en mis relaciones actuales y en mi capacidad para sentirme seguro o conectar con los demás.

Trauma ancestral

○ 21. Alguien de mi familia/linaje experimentó alguno de los traumas aquí mencionados.

Interpretación de resultados

▸ Trauma grande: Si marcaste alguna de las situaciones 1 a 6, es posible que hayas experimentado un trauma grande.

- **Trauma pequeño:** Si marcaste alguna de las situaciones 7 a 12, es posible que hayas experimentado un trauma pequeño.
- **Trauma acumulativo:** Si marcaste alguna de las situaciones 13 a 16, es posible que hayas experimentado un trauma acumulativo.
- **Trauma complejo:** Si marcaste las situaciones 17 o 18, es posible que hayas experimentado un trauma complejo.
- **Trauma del desarrollo:** Si marcaste las situaciones 19 o 20, es posible que hayas experimentado un trauma del desarrollo.
- **Trauma ancestral:** Si marcaste la situación 21, es posible que hayas experimentado trauma ancestral.

Nota: Este test es una herramienta sencilla para ayudarte a reflexionar sobre tus experiencias y comprender mejor cómo pueden haberte afectado. No remplaza una evaluación profesional. Si consideras que has experimentado algún tipo de trauma y esto impacta en tu vida, te animo a buscar ayuda en un profesional de la salud mental.

Pausa reflexiva

Te invito a que reflexiones sobre la relación que tienes o tuviste con tu mamá y, bajo esta perspectiva de trauma, a que identifiques qué experiencias traumáticas pasaste con ella. Además, es importante que reflexiones sobre cuál es el impacto que tienen esas experiencias en cómo te relacionas con los demás, cómo te tratas a ti mismo y en tu sentido de satisfacción en la vida. Si tienes hijos, analiza cómo te repercute en la crianza y en tu relación con ellos.

¿CÓMO REACCIONAMOS AL TRAUMA?

Para protegerse del trauma, tu cuerpo reacciona de diferentes formas. Basándonos en la perspectiva del sistema nervioso y en la somática, tu cuerpo puede adoptar una respuesta movilizadora o inmovilizadora, o una combinación de ambas. Es importante que entiendas cada una de estas reacciones para que puedas reconocer cuál es la tuya y no generes más estrés del debido cuando el trauma aparezca.

- Las respuestas movilizadoras incluyen luchar y huir; estas ocurren solo cuando tu cuerpo asume que movilizarse es la mejor acción para mantenerte a salvo.
- Las respuestas inmovilizadoras ocurren si tu cuerpo percibe que los peligros son inminentes, y entonces no puede moverse para mantenerte a salvo. En estos casos, el cuerpo se adormece, paraliza o colapsa, lo que es una respuesta similar a la de «hacerse el muerto» ante un depredador.

A continuación, verás una gráfica que muestra el movimiento de las respuestas a partir del nivel de estrés o reacciones al trauma. Cuanto más tu cuerpo interpreta que el peligro es inminente o que el estrés es mayor, más se mueve hacia respuestas inmovilizadoras y paralizantes, ya que siente que es la única manera para poder sobrevivir. Si se siente capaz o con un nivel moderado de estrés, entonces tiende a respuestas movilizadoras para salir o pelear como modo de sobrevivencia. Cuando hablo de estrés, me refiero al del día a día. Quiero decir que cuando tienes mucho estrés en la vida (situaciones de trabajo, pareja, familia, finanzas, entre otras) es más difícil que tomes acción, ya que entras a fases paralizadoras o inmovilizadoras. De igual forma, el procrastinar y no tomar acción puede ser resultado de tu nivel de estrés y de cómo tu cuerpo lo interpreta. ¿Quieres tomar acción? Evalúa tu nivel de estrés y, si está muy alto, practica destrezas de relajación (más adelante te propongo varias).

La ventana de tolerancia es como nuestro margen de capacidad para lidiar con emociones, relaciones y situaciones del día a día. Aumenta cuando nuestras necesidades están cubiertas (las básicas, las de relaciones, de propósito, etc.), y disminuye cuando no lo están.

Por ejemplo, piensa en un día en el que te sentías bien y relajado. Lo que te dijo tu jefe no te molestó, las travesuras de tu hijo no te irritaron, los claxonazos mientras manejabas no te afectaron y el tráfico que te hizo llegar tarde no te estresó. Ahora recuerda cómo fue tu calidad de sueño la noche

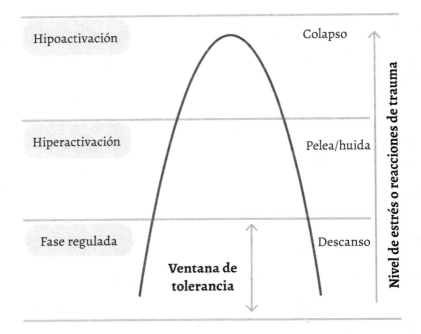

anterior: probablemente dormiste bien. Quizás comiste adecuadamente, no tenías grandes preocupaciones y en general tus necesidades estaban satisfechas.

Es muy probable que en esos días en los que no te enojaste ni discutiste con tu jefe, con tu hijo, con tu pareja o con otros conductores tus necesidades básicas hayan estado cubiertas. Cuando nuestras necesidades están satisfechas, nuestra ventana de tolerancia es más amplia y podemos manejar mejor las situaciones cotidianas.

Pausa reflexiva

Te invito a que en este preciso momento reflexiones sobre tu ventana de tolerancia. ¿Qué tan amplia es? ¿Cuánta capacidad crees que tienes para gestionar tus emociones y heridas? ¿Qué necesitas para ampliarla? Finalmente, pon en acción lo que respondiste a esta última pregunta.

El siguiente semáforo presenta ejemplos de lo que sucede cuando estamos en cada fase de reacción.

- El ● simboliza la fase de regulación.
- El ● simboliza la fase movilizadora de huir o pelear.
- El ● simboliza la fase inmovilizadora de congelamiento o colapso.

● Fatiga, adormecimiento emocional, sensación de desconexión, confusión mental, dificultad para recordar, apartarse social y emocionalmente, desorientación, desconexión de la realidad, depresión, conductas evasivas, baja motivación

● Ansiedad, pánico, problemas para dormir, problemas de concentración, irritabilidad, coraje, tensión muscular, hipervigilancia, reactividad emocional, pesadillas, sobrepensamiento, impulsividad, recuerdos vívidos de experiencias traumáticas

● Digestión saludable, alimentación normal, sueño normal, capacidad para lograr relaciones saludables e íntimas, estado relajado, buena concentración, relajación, descanso, capacidad óptima para el aprendizaje

Ejercicio de reflexión

En el siguiente semáforo, te invito a que anotes cuáles son las reacciones y sensaciones que experimentas cuando estás en semáforo ⬤ (regulado y tranquilo), ⬤ (estado de alerta y de pelear/huir), y ⬤ (fase inmovilizadora de congelamiento o colapso). Incluye sensaciones en el cuerpo (para apoyarte, puedes usar el glosario de sensaciones ante el trauma que menciono más adelante), emociones y pensamientos.

Recuerda que cada persona siente estas fases de manera particular. Identificar la tuya te ayudará a reconocerla en tu cuerpo según la fase en la que estés y a poner en práctica destrezas para que no cometas actos indeseados o que te causen problemas.

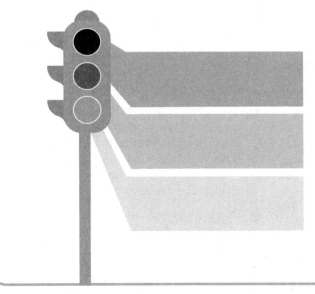

La imagen siguiente integra toda la información que hemos visto hasta ahora. Piensa en cómo te sientes después de un evento estresante o traumático. Tal vez notas que tu corazón late más rápido, comienzas a sudar, te sientes ansioso, irritable o inquieto. Esto es lo que llamamos «hiperactivación», y está relacionado con el sistema nervioso simpático, que se ilustra en la parte superior de la imagen. En el recuadro verás ejemplos de conductas y emociones ligadas a esta respuesta.

Por otro lado, quizás experimentas fatiga, desmotivación, tristeza profunda, adormecimiento o una sensación de desconexión. Esto es lo que llamamos «hipoactivación», y está vinculado al sistema nervioso parasimpático, representado en la parte inferior de la imagen. En el recuadro encontrarás ejemplos de conductas y emociones asociadas a esta reacción.

Es importante destacar que podemos experimentar respuestas de ambos sistemas nerviosos. Lo crucial es reconocer qué tan extrema es la reacción y nuestra habilidad para manejarla, basándonos en qué tan amplia es nuestra ventana de tolerancia. Ten en cuenta que esta es una simplificación de sistemas muy complejos, pero la presento así para facilitar su comprensión básica.

¿Por qué debemos sanar los traumas?

Somos sobrevivientes y hemos superado numerosas situaciones. Pero nuestros cuerpos no están destinados a sostener largos periodos en estados de desregulación y sobrevivencia. Nuestros cuerpos (y almas) también necesitan periodos de descanso y restauración.

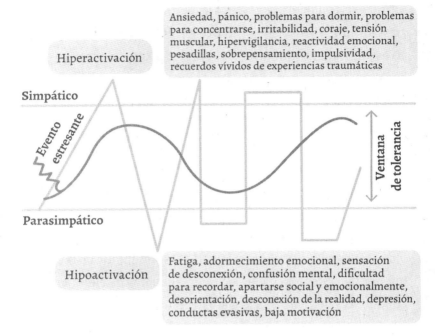

Por eso la sanación de nuestros traumas es necesaria: si queremos situarnos en un estado de bienestar, debemos transformar los huecos y hendiduras en lugares por donde entra la luz.

Algunas de las funciones diarias que se ven más afectadas cuando no estamos bien descansados y no tenemos periodos de restauración son la digestión, el sistema inmunitario, nuestra capacidad de estar presentes y experimentar alegría o placer, y las conexiones profundas con los demás.

Cuando experimentamos traumas, tendemos a volvernos hipervigilantes (siempre revisando y «escaneando» en busca de peligro). Esto afecta nuestra capacidad de descanso y restauración. Inicialmente, consideramos amenazante todo. Pero con el paso del tiempo y la adaptación de nuestro cuerpo (especialmente si nos sentimos apoyados y permitimos espacio para el descanso y la restauración), la sensación disminuye; por supuesto, suponiendo que fue una experiencia aislada y que no se repetirá pronto. Pero seamos honestos y claros, nuestra situación mundial actual, aunada a los traumas generacionales, vicarios y colectivos, eleva la probabilidad de que un evento traumático se repita.

Pausa reflexiva

Ahora que pusimos en contexto cómo la herida materna es conceptualizada como una experiencia traumática, te invito a reflexionar en tu intención de transformarla. ¿Cómo se vería tu vida si ya estuviera transformada? ¿Qué cambiaría en la relación con tu mamá? ¿En la relación contigo mismo? ¿En la relación con los demás, incluso con tus hijos si aplica? ¿En tu capacidad de amarte y brindarte compasión? Visualiza esta vida y la posibilidad de lograrla.

KIT DE HERRAMIENTAS
PARA AFRONTAR EL TRAUMA

Destrezas de regulación

Todo comienza con el automonitoreo de nuestras sensaciones, emociones y pensamientos para identificar si estamos regulados o no. Muchas veces tenemos dificultad para nombrar lo que sentimos. Si no somos capaces de reconocer con precisión eso que nos provoca dolor, ¿cómo podremos acercarnos a él para sanarlo? A continuación, te ofrezco una lista para ampliar tu vocabulario de sensaciones.

Glosario de sensaciones ante el trauma

- **Sensación**
    - *presión:* sensación uniforme, desigual, de apoyo, de aplastamiento, de corte de la circulación
    - *corriente de aire:* suave, fresca, cálida, desde la derecha, desde la izquierda
    - *tensión:* sólida, densa
    - *dolor:* agudo, leve, punzante
    - *hormigueo:* piquetes, vibración, cosquilleo, adormecimiento
    - *comezón:* leve, molesta, irritante, en movimiento, sutil, en un área pequeña, en un área grande
- **Temperatura:** cálida, caliente, ardiente, fresca, fría, húmeda, escalofriante, helada, congelada
- **Tamaño:** pequeña, grande, mediana
- **Forma:** plana, circular, cuadrada, triangular
- **Peso:** ligera, pesada
- **Movimiento:** circular, errático, en línea recta
- **Velocidad:** rápida, lenta, quieta, suave

Paso 1: Identifica las sensaciones (puedes imaginar que escaneas tu cuerpo pies a cabeza y reconocerlas).
Paso 2: Identifica la o las emociones presentes.
Paso 3: Evalúa del 1 al 10 la angustia que sientes en el momento.
Paso 4: Basado en lo anterior, determina una acción que te permita regularte. Considera la de pedirle ayuda a alguien de tu comunidad.

Recomendaciones de sanación para la hiperactivación

Aquí te ofrezco cinco recomendaciones si te sientes hiperactivo, al borde del pánico o a punto de perder el control:

1. Utiliza una bolsa de hielo o de frutas congeladas y póntela en el cuello, muslo interior o antebrazo para detener un ataque de pánico.
2. Haz presión con tus manos en contra de una pared como si la intentaras empujar por varios segundos y luego detente. Una variante es hacer una sentadilla con tu espalda apoyándote en una pared por 30-60 segundos.
3. Utiliza tus sentidos para identificar lo que hay a tu alrededor. Una buena y rápida estrategia es:
    ◇ 5 cosas que ves a tu alrededor.
    ◇ 4 sonidos que escuchas.
    ◇ 3 texturas.
    ◇ 2 olores.
    ◇ 1 sabor que sientas, tomar un sorbo de agua u otro líquido.

4. Ejercicios de respiración en los que la exhalación sea más larga. Por ejemplo:
   a) Inhalas en 4 segundos y exhalas entre 6 y 8 segundos.
   b) Inhalas en 3 segundos, aguantas la respiración por 5 segundos, y exhalas entre 7 y 8 segundos.
   c) Inhalas en 4 segundos, aguantas la respiración en 4 segundos, exhalas en 4 segundos y sostienes la respiración en 4 segundos.
5. Técnica de *havening*: es una técnica psicológica desarrollada por los psicoterapeutas estadounidenses Ronald y Steven Ruden que ayuda a reducir el estrés, la ansiedad y los traumas mediante la estimulación suave de los receptores táctiles de la piel. Te comparto dos ejemplos:
   a) Frotar suavemente las manos y luego pasarlas desde los hombros hasta las manos, mientras repites una afirmación positiva o una palabra tranquilizadora.
   b) Tocar suavemente los puntos *havening* de la cara, como las sienes y los pómulos, y la parte superior del pecho, mientras respiras profundamente y te concentras en un recuerdo feliz o relajante.

Recomendaciones de sanación para la hipoactivación

Ahora te ofrezco cinco recomendaciones si te sientes sin ganas, paralizado o deprimido:

1. Hacer ejercicios de alto impacto que aceleren un poco tu pulso, como brincar la cuerda hacer *jumping jacks*, *burpees*, correr en un lugar o saltos de sentadilla.
2. Escuchar música animada cuyo ritmo te provoque ganas de bailar o de moverte.
3. Salir a caminar.
4. Ejercicios de respiración en los que te enfoques en inhalaciones más largas que las exhalaciones.
5. La técnica de *havening* descrita arriba, o palmaditas bilaterales como en forma de abrazo.

Además de las estrategias anteriores, te presento tres a las que suelo recurrir cuando un paciente recuerda un suceso traumático de manera desprevenida y experimenta muchas sensaciones no placenteras (estas estrategias serán de mucha ayuda en tu lectura).

Estrategia	Enraizamiento
Nos ayuda a...	Desconectar pensamientos y sensaciones negativas, y volver al presente.
Práctica	▸ Utiliza tus sentidos para identificar objetos, sonidos, imágenes, lugares y personas que te regresen al presente y te den seguridad o bienestar. Camina descalzo en el césped y siente la fuerza de la gravedad.

Ejemplo de situación	▸ Excelente para aplicarlo en momentos en los que sientes que tu mente corre a mil por hora y se te dificulta detener los pensamientos negativos.
Estrategia	**Pendulación**
Nos ayuda a...	Ir desde el estado de respuesta traumática a uno de calma y seguridad.
Práctica	▸ Escanea tu cuerpo e identifica sensaciones no placenteras en él; por ejemplo, pesadez, dolor o tensión. ▸ Luego, reorienta tu mirada a sensaciones placenteras o neutrales en tu cuerpo. ▸ Después retoma las sensaciones no placenteras y nota si hubo un cambio positivo o no. ▸ Puedes repetir varias veces esta estrategia. Pero si no notas mejoría en las sensaciones no placenteras, prueba con el ejercicio anterior o con el siguiente.
Ejemplo de situación	▸ Excelente para ayudar a reorientar tu atención a una parte del cuerpo que se siente bien o neutral, y desviarte de la zona que te incomoda.

Estrategia	Titulación
Nos ayuda a...	Trabajar con pequeños fragmentos de lo que nos hace recurrir a respuestas traumáticas.
Práctica	▸ Identifica una sensación no placentera en tu cuerpo. 　◇ ¿Qué tan grande es? 　◇ ¿Qué color tiene? 　◇ ¿Cuál es su forma? 　◇ ¿De qué material está hecha? 　◇ ¿Está vacía o rellena? ▸ Escoge una esquina o pedazo del fragmento e imagina que lo estás mirando por un microscopio (mirada cercana), y quédate así varios segundos. ▸ Regresa a tu mirada normal y nota si hubo una diferencia o un cambio positivo. Si sí, repite varias veces; si no, regresa al ejercicio de enraizamiento.
Ejemplo de situación	▸ Esta práctica es buena para ayudar a procesar momentos dolorosos, pero de una manera más sutil y que ayude al cuerpo a no salirse de la ventana de tolerancia.

Paso 5: Reevalúa y determina el próximo paso.

Paso 6: Crea un plan para ayudarte. Para ello, te recomiendo que en una hoja de papel hagas un plan en el que incluyas aquello que, a través de tus cinco sentidos y tus movimientos, te brinda un estado de calma y tranquilidad. Luego, busca la manera de que estos elementos estén disponibles para ti. Por ejemplo, guarda imágenes o listas de música en tu teléfono. Si quieres acceder a un PDF que incluya esto y más para guiarte a crear tu plan de autorregulación, accede al enlace «https://www.lydianagarcia.com/transforma-tu-herida-materna».

CREAR RECURSOS DE APOYO

Figuras de apoyo

Las figuras de apoyo son representaciones internas que nos ayudan a conectar con cualidades como la sabiduría, la protección, el amor incondicional y la seguridad. Al evocarlas en momentos de vulnerabilidad o estrés, podemos encontrar fortaleza y consuelo para enfrentarlos. Pueden ayudar en situaciones difíciles, como traumas de infancia y apego, experiencias de abuso o violencia, pérdidas significativas o duelos, traumas generacionales o patrones familiares negativos, y situaciones de estrés crónico o ansiedad. Las figuras de apoyo nos proporcionan herramientas para sanar y recuperar el equilibrio emocional, y en especial con la herida materna que requiere buscar maneras de nutrirnos y maternarnos.

Para la creación de recursos de apoyo, mi recomendación es que elijas personas, lugares, animales, ángeles o figuras espirituales que te sostengan. Estos pueden ser imaginarios, incluso pienso que son los mejores. Algunas figuras podrían ser:

- ◇ Figura sabia
- ◇ Figura protectora
- ◇ Figura materna
- ◇ Figura de seguridad

Una vez que identifiques la figura o el lugar, practica conectar con cada uno a través de la creación de altares, escritura, visualizaciones, etc. Si necesitas ayuda adicional, cuando pienses en tu figura, utiliza la técnica de abrazo de mariposa (manos en hombros opuestos) y date golpecitos suaves durante unos 30 segundos; es muy importante que los hagas a un ritmo suave, cada segundo o más lento.

Apoyo de familiares, amistades y comunidad

En un mundo ideal, cuando comienzas un proceso de sanación lo haces teniendo una red de apoyo de amistades, familiares o comunidades en las que participas. Identifica quiénes son estas personas y recuerda buscar su apoyo cuando sea necesario.

Servicios profesionales

Iniciar un camino de sanación de las heridas maternas puede agitar muchas cosas de tu pasado, perturbar un poco tu vida y, si tenías problemas de salud mental, empeorarlos temporalmente. Por eso es importante que evalúes tu situación y, si sientes que necesitas ayuda, la busques. Ya sea con un terapeuta uno a uno, terapia grupal, grupos de apoyo de la comunidad o espirituales, ayuda alternativa, medicamentos u otros.

Para concluir, ninguno de estos recursos funcionará si no lo practicas. Así que ¡a sacar lápiz y papel! Planea cuáles implementarás en tu día a día para que así vayas creando el hábito de esa nueva práctica. De igual forma, utiliza el plan de regulación que te muestro a continuación para que sepas qué hacer en cada situación. Recuerda que este proceso de transformar la herida materna toma tiempo, y nada mejor que hacerlo desde una perspectiva enraizada y presente para que así minimices el riesgo de retraumatización. Mi objetivo principal en este libro es ayudarte en tu proceso de transformación, no proveerte de más información que te cause dolor, y que aquello de lo que tomes conciencia al leerlo pueda ser alquimizado.

Plan de regulación

Estado de regulación	Sensaciones, emociones y pensamientos que usualmente experimentas	Destrezas de regulación (o de expansión* si estás regulado)	Recurso de ayuda (profesional, amigo, familiar) y su contacto
Hiperalerta (pelear o huir)			
Hipoalerta (adormecido / en colapso)			
Regulado			

* Las destrezas de expansión se refieren a qué puedes hacer para sentirte más regulado; es decir, cómo podrías expandir esa sensación para seguir aumentando tu capacidad de sentirte bien.

CAPÍTULO 2
Travesía de tu linaje

Sankofa es una palabra en twi de la tribu de akan, en Ghana, que se interpreta como «regresa y recógelo». Su traducción literal nace del proverbio akan: «Se wo were fi na wosan kofa a yenkyiri», que significa «No es tabú volver atrás por lo que olvidaste».

Entonces, hoy te digo *sankofa* porque debes volver atrás para reclamar tu pasado, de modo que puedas avanzar, y entender por qué y cómo llegaste a ser quien eres hoy.

◀◇▷•◀◀◀ **Invitación ceremonial** ▷•▷▷▷

Te invito a que te centres un minuto en tus ancestros, lo que sabes de ellos. ¿Quiénes fueron? ¿Dónde vivieron? Y si una de tus prácticas o creencias incluye hacer altares, este es un buen momento de conectar con el altar de tus ancestros. También puedes escuchar música relajante o la que tus ancestros escuchaban, y tomar una bebida que te ayude a sentirte bien, ya sea un café, un té o algo más.

La herida materna tiene su raíz en nuestros antepasados y los sistemas sociopolíticos en los que vivieron; es influenciada por patrones generacionales, lealtades e intrincaciones con nuestros ancestros y familiares. Como dice el proverbio del pueblo akan, este capítulo te invitará a hacer una travesía a tu pasado para entender por qué y cómo se formó esa herida en tu linaje.

Cuando se hace un viaje al pasado, y se explora y recopila la información de tus ancestros, pienso que es importante resaltar que lo hacemos desde nuestro rol de hijo, nieto, bisnieto, y así sucesivamente. Te invito a mostrar una mirada de respeto incluso a la privacidad, pues es importante. Hagámoslo partiendo del amor y del honor que les tenemos, no pretendas ver el pasado como una telenovela en la que te vas a enterar de algún chisme.

Te invito a que tengas una mirada amorosa hacia tus ancestros y patrones familiares. Incluso si crees que esa mirada es imposible, quiero decirte que *así es, hubo mucho dolor, abuso, pérdidas... así fue. Pero ya pasó. Estamos aquí y ahora buscando maneras de sanar y no perpetuar la cadena de dolor generacional. Y sí, hay cosas que están fuera de nuestro alcance, como abusos y experiencias causadas por otros (o por sistemas más grandes). No podemos cambiar el pasado... así fue y así sucedió... Nos toca centrarnos en el presente y enfocarnos en cómo podemos, desde el aquí y ahora, hacer lo que nos toca.*

¿QUIÉNES SON TUS ANCESTROS?

Cuando hablamos de los ancestros muchas veces pensamos en nuestros familiares que murieron. Y aunque esa aseveración es correcta, se nos olvida lo profundo que esto puede llegar a ser. Te invito a ver la siguiente imagen y dejar asentar las sensaciones que surjan.

Provienes de mucha gente. Gente que sobrevivió opresiones, pasó hambre, superó muertes y enfermedades, tuvo mudanzas, vivió guerras y accidentes. Provienes de gente que amó, crio familias, fue exitosa, disfrutó de los placeres de la vida; gente que tenía una conexión sagrada con la naturaleza y lo divino. Estás aquí porque tus ancestros sobrevivieron.

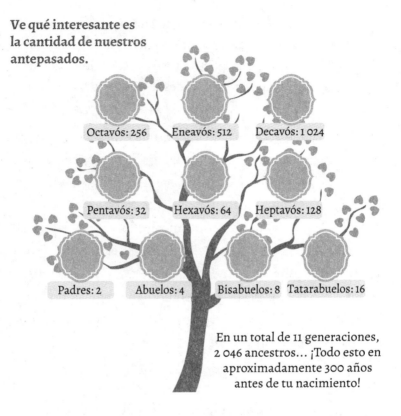

Ve qué interesante es la cantidad de nuestros antepasados.

Octavós: 256   Eneavós: 512   Decavós: 1 024

Pentavós: 32   Hexavós: 64   Heptavós: 128

Padres: 2   Abuelos: 4   Bisabuelos: 8   Tatarabuelos: 16

En un total de 11 generaciones, 2 046 ancestros… ¡Todo esto en aproximadamente 300 años antes de tu nacimiento!

Pausa reflexiva

Cuando lees la imagen, ¿cuántos de ellos conoces por el nombre? ¿Qué información tienes de ellos? La mayoría de la gente solo conoce el nombre de un bisabuelo. Claro está, esto es partiendo de la suposición de que conociste a tu familia biológica; si no la conociste, se complica mucho más saber esta información. Si tu caso es el segundo, mi recomendación es que mientras leas este capítulo y el libro entero, escuches a tu cuerpo; aunque no cuentes con datos exactos de nombres, lugares, etc., sí tienes la información grabada en tu ADN y cuerpo. Confía en el conocimiento que te llega desde la calma y la paz, desde tu sabiduría interna.

Como mencioné, cuando hablamos de ancestros, pensamos en los familiares que murieron recientemente y los que conocemos gracias a la historia (los que vivieron hasta alrededor de 500 años atrás). En ellos me enfocaré mayormente en este capítulo. Pero ¿qué tal los de hace más de 2 000 años? ¿Y los que vivieron en la época antes de Cristo? ¿O en los inicios del ser humano (*Homo sapiens*), hace aproximadamente 200 000 años? ¿Y si consideraramos las 15 o 20 especies diferentes de humanos primitivos, según la revista *National Geographic*?[1] Así podemos continuar este hilo sobre nuestros orígenes.

¿Y QUÉ PASA LUEGO DE QUE ESTOS FAMILIARES MUEREN?

El doctor Daniel Foor, en su libro *Medicina Ancestral*, menciona lo siguiente:

---

[1] Redacción National Geographic. (2022). «¿Cuál es el origen de la humanidad según la ciencia?». *National Geographic*. Disponible en www.nationalgeographicla.com/historia/2022/12/cual-es-el-origen-de-la-humanidad-segun-la-ciencia.

La mayoría de los pueblos indígenas, animistas, paganos, sanadores espirituales y otros que se relacionan intencionalmente con los muertos, estarían de acuerdo con las siguientes cuatro afirmaciones:

1. La conciencia continúa después de la muerte.
2. No todos los muertos están igual de bien.
3. Los vivos y los muertos pueden comunicarse.
4. Los vivos y los muertos pueden afectarse mutuamente.

Hablemos un poco más de estas cuatro aseveraciones. El doctor Foor plantea que la conciencia continúa después de la muerte, independientemente de que creas o no en ello; él compara esta idea con las bacterias microscópicas y las galaxias, que, aunque uno no las pueda ver, existen. Esta aseveración es compartida entre la mayoría de las religiones. Incluso, la ciencia habla de que la materia no se crea ni se destruye, y que somos energía.

El segundo punto, «No todos los muertos están igual de bien», parte de la creencia de que, cuando mueren, trascienden a otra dimensión, mundo invisible o espiritual (dependiendo de tus creencias religiosas) y su alma (sé que hay personas que hacen diferencia entre espíritu y alma, pero en este libro se consideran intercambiables) se lleva consigo las experiencias vividas; en especial, quienes experimentaron muchos traumas y adversidades pueden quedarse estancados en lo sucedido. Sin embargo, también existe la creencia de que ellos pueden «cambiar» y sanar estos traumas y adversidades luego de que trascienden. Esta última oración es importante, porque cuando estamos conectando con los ancestros, es relevante hacerlo sin juzgar cómo fueron en vida y conectar con lo que sentimos sobre ellos. Si sentimos que un ancestro o uno de los linajes en general no está bien —escuchando a tu cuerpo y sabiduría interna—, se recomienda confiar en tu intuición y no seguir haciéndolo sin apoyo o ayuda. Esto es algo que me aterra, si te soy sincera, y por esta creencia intuitiva de que los muertos que no están bien pueden afectarme, es que he postergado mucho conectar con mi «don». La idea de los fantasmas, en general, parte de la concepción de espíritus que no están bien y se quedaron «estancados» en la tierra.

La parapsicología estudia los fantasmas y otros fenómenos paranormales o psíquicos. La idea de que los vivos y los muertos pueden comunicarse tiende a ser confusa para muchos, en especial para quienes no provienen de crianzas y creencias de conexión con sus ancestros. Esta comunicación puede realizarse de muchas maneras: mediante señales y signos que recibimos luego de pedir una confirmación; por mensajes transmitidos con algún familiar, amigo o incluso un desconocido; a través de sueños y de todas las habilidades psíquicas. Se dice que los vivos son el «método» por el cual los ancestros siguen interviniendo en la vida. ¿Qué piensas sobre esto?

Las tres aseveraciones anteriores informan la cuarta: vivos y muertos nos podemos influir unos a otros. Los muertos a través de los vivos, y los vivos a través de prácticas que ayuden a sanar, liberar y promover que los muertos descansen en paz. Más adelante hablaré sobre recomendaciones para ayudar a tus ancestros y linaje, pero por ahora te contaré que yo he tenido la experiencia de ver esto en primera fila.

Luego de que la mamá de una amiga muy cercana en ese entonces falleciera, mis episodios de parálisis de sueño aumentaron. Yo sentía como si alguien o algo me presionara en la cama y no podía abrir los ojos. Mi corazón latía a mil por hora y escuchaba una voz que hablaba muy rápido. Esto pasó por varias noches. Ya asustada, y con todos los «artefactos» religiosos en mi mesa de noche (rosarios, la Biblia abierta en el salmo 23, cartas de cábala, cristales, entre otros), una noche en pleno episodio, dije mentalmente: «No me asustes, dime qué quieres»; gracias a esto, pude escuchar mejor su mensaje sobre algo que quería que hiciera mi amiga. A la mañana siguiente, la llamé y le conté lo sucedido; ella me respondió que varias de sus amistades cercanas estaban teniendo encuentros con su mamá, y que el mensaje le respondía una duda que ella tenía sobre el cuidado de su hermana. Luego de esto no volví a tener ningún encuentro con su mamá. También le recomendé a mi amiga a que coordinara la novena para ayudar a que su alma trascendiera y descansara en paz. Ella decidió hacerlo, y luego de los rosarios sintió más paz.

Pausa reflexiva

¿Cuáles son las tradiciones que tu familia conserva sobre los ancestros? ¿Qué prácticas tiene tu familia respecto a los ancestros?

¿Cuáles son tus creencias acerca de la conexión
e interacción que tienes con tus ancestros?
¿Existe alguna que quieras reintegrar o añadir?

Te cuento que, en mi caso, mi familia no habla mucho de los ancestros recientes, y menos aún de los más lejanos. Lo que sí recuerdo es que desde niña visitaba a mis abuelos y familiares, y en sus casas veía fotografías de mis bisabuelos. Yo he sido muy curiosa desde pequeña, por lo que preguntaba sobre las imágenes y por información de la familia. Solo entonces me hablaban de ellos, pero si no preguntaba, no les nacía contarme algo al respecto.

También solía aprender más sobre mis ancestros recientes en los funerales. Acudía mucha familia y me presentaban a mis familiares lejanos. En tales ocasiones, escuchaba hablar a mis padres sobre su infancia, sus abuelos y bisabuelos, mientras intercambiaban recuerdos con sus primos, a quienes no veían desde hacía un tiempo.

Fui criada como católica, y asistí a colegios católicos desde el kínder hasta la educación superior. Allí aprendí sobre el purgatorio, el cielo y el infierno. Toda esta información influyó mucho en mis creencias iniciales con los muertos.

Una de las muertes que más me impactó fue la de mi abuelo materno. Yo tenía 17 años cuando él, siempre tan saludable, ingresó al hospital por un dolor de estómago y murió a la semana. Fue una muerte imprevista que me marcó grandemente. En ese momento, me cuestioné mucho sobre mis ideas del cielo, infierno y purgatorio. Tenía sueños con mi abuelo y sentía una conexión con él a través de ellos. También escuché que algunos familiares hablaban de experiencias similares y de otras formas en las que mi abuelo se «comunicaba» con ellos, como mensajes enviados por amistades cercanas. En ese momento me cayó el veinte, y pude darle sentido a lo que me había pasado con mi bisabuela la noche antes de que muriera: antes de acostarme, miré por la ventana hacia su casa y presentí que algo malo iba a pasar. A primera hora del día siguiente, sonó el teléfono y contesté. Era mi abuela llorando, repitiendo en voz cortante: «Se me murió Sasa». Le di la noticia a mi mamá y salí corriendo a la casa de mi abuela. Ella la había encontrado muerta en la mañana. Yo en ese instante no podía entender lo que sentí la noche previa, pero luego de la muerte de mi abuelo, tuve la experiencia personal de comunicación con los muertos.

Este sentido de comunicación con los muertos de mi familia continuó. Ya de adulta y viviendo en Los Ángeles, California, la noche previa a la muerte de mi abuela materna, mientras me bañaba, tuve una fuerte sensación de tristeza, y mientras lloraba, sentí la presencia de mi abuela, que había ido a despedirse de mí. A las 5:00 am del siguiente día, me despertó una llamada de mi mamá para informarme que mi abuela había fallecido. Desde entonces, siento su presencia, en especial en momentos difíciles de mi vida, y me envía señales y mensajes a través de flores y de otros elementos. De hecho, en este preciso momento, mientras escribo este párrafo, siento su presencia. Además, tengo su foto al lado de la pantalla de mi computadora. Ella era mi porrista número 1. Fue una gran influencia en mi vida, y gracias a ella sentí y recibí amor incondicional.

Como mencioné al inicio, mi nombre es una combinación del de mi abuela materna, Lydia, y del de mi mamá, Diana. Soy la primera de los nietos sanguíneos de mi abuela, y siento que mi nombre unifica parte de mi misión, que tiene que ver con sanar la herida materna.

HERENCIA GENERACIONAL

Hablemos entonces del proceso por el cual heredamos todas las experiencias de nuestros ancestros. Esta suma de experiencias las heredamos y están presentes en nuestra vida a través de memorias en el cuerpo, gustos, formas de ser, predisposiciones genéticas, intereses y carreras, formas de crianza, y mucho más. Hay varias maneras de explicar esta transmisión intergeneracional, pero aquí te menciono las tres que considero más importantes:

1. Genes y epigenética.
2. En el vientre.
3. Crianza.

GENES Y EPIGENÉTICA

Los genes son secciones del ADN que se encuentran en cada célula, y portan la información genética transmitida de generación en generación que determina cualidades físicas, el sexo biológico (femenino o masculino), enfermedades, y otras.

Anteriormente se creía que nuestra vida estaba predeterminada por nuestros genes. No obstante, gracias a la epigenética —la ciencia que estudia cómo los comportamientos y el ambiente hacen que un gen se exprese o no— se ha descubierto que la presencia de un gen no garantiza su expresión. En otras palabras, podemos tener una predisposición a una condición médica, pero existen factores ambientales y cambios de comportamientos que impiden que la enfermedad brote. Es como si existiera un interruptor eléctrico para «prender» o «apagar» la expresión de un gen.

Una de las investigadoras más destacadas en este campo en Estados Unidos es la doctora neurocientífica Rachel Yehuda, profesora de Psiquiatría y Neurociencia, y directora de estudios de estrés traumático de la Icahn School of Medicine at Mount Sinai. En un artículo reciente menciona que, si nuestros padres pasaron por eventos extremadamente adversos, nosotros, como sus descendientes, estamos lidiando con el estado postraumático de ellos.[2]

---

[2] Yehuda R. y Lehrner A. (2018). «Intergenerational transmission of trauma effects: putative role of epigenetic mechanisms», en *World Psychiatry*, 17(3), pp. 243-257.

> **Pausa reflexiva**
>
> Cuando escuchas sobre la posibilidad de que estás lidiando con el estado postraumático de tus padres, es recomendable que escanees tu cuerpo: ¿Cómo se siente? ¿Qué sensaciones tienes? ¿Qué emociones o sentimientos emergen? ¿Qué pensamientos o recuerdos vienen a tu mente? ¿Hay alguna visualización o escuchas algo?

Inicialmente, la idea de que «cargamos» las experiencias de nuestros ancestros en el presente era mayormente anecdótica (sobre todo para la comunidad científica, que busca comprobaciones empíricas). Pero en los últimos 30 o 40 años se ha podido demostrar científicamente que la aseveración es correcta. Muchos de los estudios que ayudaron a comprobar la veracidad de que los efectos del trauma se transmiten de generación en generación fueron con los descendientes de los sobrevivientes del Holocausto e hijos de veteranos de la guerra de Vietnam. Además, recientemente se ha investigado el impacto de eventos históricos como la colonización, la esclavitud y los traumas por desplazamientos de grupos de personas, incluyendo a los indígenas nativos de Estados Unidos y del First Nation, los afroamericanos, personas aborígenes de Australia y los maorí de Nueva Zelanda, al igual que sociedades expuestas a genocidios, y guerras en contra de grupos étnicos.[3]

---

[3] *Idem.*

Cuando hablamos de la transmisión del trauma, nos referimos a aspectos como nuestra manera para manejar y gestionar las emociones (en especial, las de miedo o las relacionadas con percibir una amenaza), tenemos un nivel más alto de hipervigilancia —estar en alerta ante cualquier cosa que parezca amenazante para nuestra vida— y desconfianza no solo en los demás, sino en nosotros mismos y en el mundo en general, patrones de cómo manejamos el estrés, niveles altos de cortisol y otras hormonas ocasionadas por estrés, pensamientos sobre nuestra autoestima y autoconfianza, entre otras.

Es verdad que lo que los padres y ancestros de nuestras madres experimentaron les afectaron no solo a ellas, sino también a nosotros y a la relación madre e hijo. Sin embargo, la epigenética brinda una esperanza al resaltar el papel que el ambiente y los comportamientos tienen en la carga genética. En ello profundizaremos más adelante, pero por el momento te invito a reflexionar en que hay esperanza.

EN EL VIENTRE

Esta es una de las teorías sobre la transmisión intergeneracional más fascinantes para mí, ya que no solo se refiere a cuando estuviste en el vientre (u otra manera de gestación), sino también a la noción de que estuviste en el vientre de tu abuela materna.

Sé muy bien que estás cuestionando esto, pero antes, mira la imagen y hablemos.

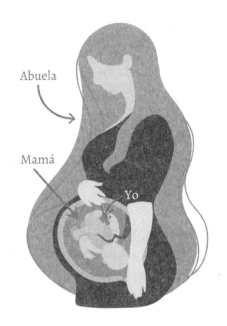

Ahora te lo explico. Cuando tu abuela estaba embarazada de tu mamá, el feto de tu mamá desde los cinco meses ya tenía millones de ovocitos: óvulos entre los cuales uno fue el que se unió con el espermatozoide de tu papá para formarte. Así que, desde esta perspectiva, estuviste dentro del vientre de tu abuela materna. Si es la primera vez que escuchas esto y estás medio en *shock*, te entiendo; yo tuve que repetírmelo la primera vez que lo escuché.

Ahora bien, volvamos al tema de la exposición en el vientre, sin olvidar que aquello que mencione a continuación también aplica a tu abuela, cuando estaba embarazada de tu madre.

La mayoría de las culturas y personas consideran el embarazo como una etapa muy importante para la mujer, en la que hay que cuidarla, procurar que no se estrese y que se alimente bien, ya que esto puede afectar la salud del bebé. No obstante, no siempre es el caso. Durante el embarazo, numerosas mujeres atraviesan por muchos estresores, problemas familiares y de pareja, de carrera, entre otros. También pasan por eventos inesperados que las pueden afectar no solo a ellas, sino también a sus bebés. Hay investigaciones que muestran los efectos del estrés durante el embarazo como niveles más altos de cortisol en los bebés;[4] los síntomas de depresión durante el embarazo también se correlacionan con niveles superiores de cortisol, disminución de dopamina, conductas similares al estrés, aumento de muertes prematuras e internamiento en cuidados intensivos.[5]

Además de la exposición a estresores y de los síntomas de depresión, las situaciones que tu madre (y abuela) experimentaron durante su embarazo se convierten en algo parecido a una cicatriz o una marca de nacimiento. Esto no quiere decir que va a determinar tu vida por completo, pero es importante ver cuál es el impacto que tiene en ella.

CRIANZA

Lo que experimentamos durante nuestra niñez y adolescencia nos marca de por vida. No es solo lo que observamos en nuestro hogar, con nuestros padres o cuidadores y familiares, sino

---

[4] Caparros-Gonzalez, R. A. *et al.* (2019). «Maternal and Neonatal Hair Cortisol Levels Are Associated with Infant Neurodevelopment at Six Months of Age», en *Journal of Clinical Medicine*, 8(11).

[5] Gentile, S. (2017). «Untreated depression during pregnancy: Short- and long-term effects in offspring. A systematic review», en *Neuroscience*, 342, pp. 154-166.

también cómo nos sentimos en ese momento, cuáles fueron las conductas que asumimos, las sensaciones y las historias que nos creamos sobre los demás, nosotros y el mundo.

Si nuestras madres (por el tema de este libro, en los ejemplos hago alusión más a la madre, pero esto afecta también a los padres) van cargando traumas o pasaron por adversidades extremas, probablemente vean afectada su forma de crianza en aspectos como:

- **Disciplina:** Esta puede ir desde el extremo de castigos corporales al extremo del libertinaje.
  - Usualmente las madres que recurren a castigos corporales también los recibieron en su niñez o fueron normalizados por un estándar en su comunidad o iglesia.
  - Cuando hablo de libertinaje, me refiero a las situaciones en las que madres que están muy abrumadas o que atraviesan situaciones que les impiden estar presentes buscan «escapar» dejando que sus crías hagan lo que se les dé la gana.
- **Relaciones con sus hijos:** Las personas que pasaron por traumas o adversidades extremas tienen dificultades para crear relaciones de apego saludables con sus hijos. Esto puede desencadenar en relaciones más ansiosas (apego ansioso), más distantes (apego evitativo), o en las que algunas veces están más ansiosos y en otras más evitativos (apego desorganizado):

- *Apego ansioso:* Este se distingue por relaciones en las que las madres están muy metidas en la vida de sus hijos, tienden a ser catastróficas, sobreprotectoras, con un tono de miedo y preocupación en general.
- *Apego evitativo:* Este se caracteriza por relaciones en las que las madres son distantes, ya sea física o emocionalmente. Muchas veces pueden incluir los «tratamientos de silencio» (cuando ella está molesta y no les habla a sus hijos). «Huyen» de situaciones, ya sea ignorándolas, invalidando a sus hijos, no tomando responsabilidad, o bien, yéndose físicamente.
- *Apego desorganizado:* Este tiende a ser volátil, inesperado y lleno de incertidumbre. Es el más perjudicial de los tres. Usualmente las madres que tienen este tipo de apego pasaron o están pasando por traumas o adversidades extremas. En un momento son «mamás helicóptero» y al siguiente están ausentes.

◇ **Relaciones con los demás:** Muchas madres pueden caer en relaciones tóxicas y abusivas, e incluso codependientes. Ya sea con una pareja amorosa, con familiares, con amistades, con compañeros del trabajo o la comunidad, entre otros. Estas relaciones impactan mucho a sus hijos, ya que son el tipo de vínculo que ellos ven como ejemplo a seguir a la hora de establecer las suyas.

◇ **Confianza/desconfianza:** Cuando nuestras madres pasan por traumas interpersonales, en especial con personas de «confianza» (familiares, gente destacada en la comunidad, amistades, etc.), se puede crear un sentido de desconfianza con los demás. Esto se ve reflejado a la hora de permitirles a sus hijos compartir con otras personas y amistades. Pero, a la vez, si ellas recurren usualmente a conductas de adormecimiento, puede que no perciban bien las señales de peligro en los demás (ocurre bastante en traumas generacionales de abuso sexual).

- ⋄ **Gestión de emociones:** Se trata de uno de esos temas que también van de un extremo a otro. Abarca desde el lado volátil de las emociones y la necesidad de expresar todo hasta el grado de ignorarlas por completo. Ambos extremos son ejemplos de la incapacidad de gestionar las emociones. Por ejemplo, es común ver a mamás explosivas, que gritan mucho o que tienen episodios de «hechizo de llantos», o a mamás que parecen fuertes porque nunca lloran, no muestran ninguna emoción y parecen estoicas e inexpresivas.
- ⋄ **Conductas en general:** Pasar por traumas o adversidades extremas impacta la manera en que actuamos, en especial cuando estamos en estados crónicos de hipervigilancia —como si todo fuera peligroso—. Es como vivir con una alarma interna que se activa todo el tiempo, y cuya gestión depende de nuestro temperamento, personalidad y aprendizaje. Usualmente las respuestas más comunes son las peleas (físicas y verbales), la huida (física y mental), el apaciguamiento (intenta evitar o minimizar la angustia o el peligro complaciendo y apaciguando la

amenaza) o el congelamiento (se siente paralizada e incapaz de actuar en situaciones de peligro o estrés extremo). Sus hijos observan estas conductas y «aprenden» lo que es «correcto» o aceptable en su casa.

Pausa reflexiva

¿Con cuál de las anteriores acciones resuenas? ¿Cuáles implementó tu mamá? ¿Hay alguna que estés haciendo en el presente?

Existen muchas más maneras de influir a través de la crianza; las anteriores son tan solo las más recurrentes en mi práctica y las que considero de mayor impacto.

Mark Wolynn en su libro *Este dolor no es mío* abunda sobre el tema de transmisión generacional evidenciando diversos estudios epigenéticos y de otras perspectivas que la constatan. Me gusta mucho cómo titula el tercer capítulo, «La mente de la familia», en el que describe cómo todas las experiencias que pasaron nuestros padres y abuelos, y el impacto que estas tuvieron en su crianza, están programadas en nuestro cerebro y se incrustan incluso antes de que naciéramos. El autor enfatiza que el desarrollo neuronal durante el tiempo que estamos en el vientre de nuestra mamá y esos primeros años de vida respecto a las relaciones con nuestra madre o cuidador son claves en nuestra vida. Si nuestra madre porta en sí misma un trauma heredado o ha vivido una ruptura del vínculo con su mamá, impactará la conexión entre ella y su propia hija. Sin importar la razón, estas rupturas pueden ser devastadoras. Recordemos que, en esos primeros años de vida, el infante depende 100% del cuidado de alguien, pues así va internalizando el sentido de seguridad y confianza en los demás. Detallaré este tema en el próximo capítulo, pero por ahora quería hacer hincapié en cómo los traumas heredados pueden impactar el vínculo entre madre e hijos.

En mi caso, cuando mi hijo mayor tenía tres semanas de nacido, me dio mastitis. Al principio, mientras me recuperaba, dije a modo de broma: «Qué interesante que tenga un tipo de "separación" de mi hijo, más o menos al mismo tiempo que mi mamá me dejó con mi abuela y se fue a un viaje a Disney World». Tan pronto lo dije, caí en la cuenta del patrón generacional de separación de madre e hija durante la fase de infante. Cuando mi madre tenía alrededor de tres meses y medio de nacida, estuvo internada en el hospital durante aproximadamente un mes debido a que vomitaba todo lo que comía. Le tuvieron que hacer una operación exploratoria (que le dejó una cicatriz que abarca desde el pecho hasta la parte baja del vientre) y casi muere en el proceso. Incluso tuvieron que abrir la herida dos veces porque se le infectó, y cuando se le volvió a infectar los médicos se la regresaron a mi abuela diciéndole que no sabían qué más hacer. Mi abuela se fue con mi bisabuela, y juntas la cuidaron y le dieron de comer verduras y alimentos del campo, tradicionales en Puerto Rico, y mi mamá sobrevivió. No obstante, siempre ha sido enfermiza y muy ansiosa respecto a enfermedades. Cuando yo era pequeña, sufría mucho de alergias y de dolores estomacales, y ahora entiendo que el llevarme a los especialistas y darme tantas medicinas era en parte por el miedo que venía cargando. Y mi ansiedad por problemas físicos y enfermedades también es resultado de esa experiencia que viví como un ovocito dentro de mi mamá.

TRAUMAS COLECTIVOS

En los próximos párrafos hablaré mayormente sobre traumas colectivos, es decir, traumas y adversidades que impactan a un grupo de personas.

En *Grandmothers Counsel the World* de Carol Schaefer, un libro que presenta la sabiduría de 13 abuelas indígenas de diferentes regiones del mundo sobre la familia, la salud y los desafíos sociales como la violencia y la pobreza, las abuelas explican cómo la opresión, las guerras y la violencia que vivieron sus antepasados han dejado un impacto que se extiende hasta cinco generaciones después. Muchos descendientes del presente ya cuentan con algunas generaciones posteriores a las que pasaron por traumas colectivos, pero todavía experimentan la perpetuación de su sufrimiento. Las abuelas también hablan sobre cómo las nuevas generaciones que abusan del alcohol y las drogas por consecuencia de estos traumas no recuerdan quiénes son ni de dónde vienen. Además, describen que parte del proceso de sanación incluye recordar, y regresar a prácticas y tradiciones de nuestras culturas originales, pues esto promueve la resiliencia.

Pausa reflexiva

¿Cuáles son algunas de las prácticas y tradiciones de tus antepasados que pudieras reintegrar en tu vida?

Las abuelas del libro *Grandmothers Counsel the World* abordan el tema diciendo que Estados Unidos fue fundado a través de la violencia, lo que me hace preguntarte sobre tu país de origen y cómo fue fundado. ¿Hubo violencia? ¿Todavía hay violencia?

Lo más probable es que si vienes de algún país de Latinoamérica, experimentaste (al igual que tus ancestros) los efectos de la conquista europea, y de la opresión y violencia propiciadas por todo ese tiempo de colonización desde finales del siglo XV o principios del siglo XVI. Quizás tengas antepasados de origen indígena, con su propia lengua, forma de vida, tradiciones, etc., que fueron desplazados de sus tierras y obligados a asimilarse a la cultura dominante (la española, la portuguesa, la inglesa y la de otros países europeos que invadieron América). En ese proceso hubo muchas pérdidas, no solo de vidas, sino también de lenguas, tradiciones, sabidurías sobre la naturaleza y la sanación, valores familiares y de tribu, entre otras.

Cuando la violencia es reciente, muchas veces actuamos como niños pequeños, repitiendo el trauma hasta que este sea entendido y se maneje, como dicen las abuelas. Y cuando se maneja, las abuelas hacen énfasis en que los ciclos de violencia no se pueden sanar sin la sanación de los perpetradores. Ellas añaden:

Debemos construir sobre el dolor del pasado con honestidad, incluso con nuestros hijos. No podemos pretender que el sufrimiento no existió. Pero debemos construir sobre el dolor del pasado sin entregarnos a él. La ira puede ser transformadora. Solo cuando le damos voz al dolor, seamos oprimidos u opresores, puede comenzar la sanación. Solo al enfrentar el pasado podemos ver los efectos de nuestras acciones en el presente.

Como boricua, tengo historial reciente de muchas opresiones, incluyendo los desplazamientos y la violencia ejercida sobre mis antepasados indígenas taínos y los afrodescendientes que fueron traídos por la fuerza durante el comercio transatlántico de esclavos; e incluso los españoles y demás europeos que vivieron genocidios y opresiones por religiones (durante la gran Inquisición) y llegaron huyendo de esos sistemas opresivos para, a su vez, convertirse en opresores a través de las conquistas en Puerto Rico. Lo más reciente son los efectos opresivos del trato que Estados Unidos nos da por ser uno de sus territorios, lo que se traduce en no tener los mismos derechos que los demás estados. ¿Cuáles son algunos historiales de opresión que tus antepasados experimentaron?

Mi querida amiga y colega, la psicoterapeuta y autora Natalie Gutiérrez, habla en su libro *The Pain We Carry* sobre cómo la acumulación de estas experiencias de opresión, racismo, violencias y marginalizaciones contribuyen a que se diagnostique el síndrome de estrés postraumático complejo (o CPTSD, por sus siglas en inglés). Este se manifiesta a través de síntomas de depresión y ansiedad, desesperación, recuerdos intrusivos de experiencias traumáticas, desconexión emocional y una sensación perenne de no pertenecer. Estos efectos pueden tener un impacto significativo en la salud mental y el bienestar de una persona que ha experimentado discriminación, y pueden ser trasmitidos de generación en generación (más adelante, lo explicaré con mayor claridad).

Hablemos de otra de las opresiones que muchos tenemos en nuestro linaje al ser latinoamericanos: traumas de labor forzada o esclavitud. En el libro *Post Traumatic Slave Syndrome*, la doctora Joy DeGruy define el síndrome del estrés postraumático de la esclavitud así:

> Una condición que existe cuando una población ha experimentado trauma multigeneracional resultante de siglos de esclavitud y continúa experimentando opresión y racismo institucionalizado hoy en día, a esto se agrega la creencia, ya sea real o imaginada, de que los beneficios de la sociedad en la que viven no están al alcance de ellos. El trauma multigeneracional junto con la continua opresión y la falta de oportunidades para acceder a los beneficios disponibles en la sociedad, llevan al síndrome de estrés postraumático de la esclavitud.

Si cuando hablo de la esclavitud, este no es un tema que se relacione con tus antepasados, te invito a que explores otros traumas parecidos relacionados a labores forzadas en tu linaje. Continuando con el libro de la doctora DeGruy, estos son los cinco principales impactos del síndrome de estrés postraumático de la esclavitud en nuestra vida:

1. **Tus creencias.** Se trata del supremacismo blanco y de internalizar creencias, tanto sobre cómo las personas blancas son superiores como sobre la idea generalizada de que todos los blancos están en tu contra. Todas estas creencias que se concibieron de generación en generación estaban basadas en la sobrevivencia. Esto también incluye todas aquellas generalizadas e internalizadas sobre uno mismo, sobre el mundo como un lugar peligroso, sobre su propia vida y su valía, entre otras cosas.

2. **Tu autoestima.** No tener autoestima o, como la doctora DeGruy la llama «autoestima vacía». Ella la define como la más relacionada con tu valía, tu creencia en tu propia valía. Algunos de los factores que pueden afectar tu autoestima son tus cuidadores (en cómo ellos mostraban su autovalía y en cómo te trataban), la sociedad (ideas culturales y sociales de que unos grupos étnicos o personas son superiores a otros) y la comunidad (encargada de establecer las normas y fomentar la conformidad con la sociedad, lo que se transmitía de generación en generación).

3. **Hipervigilancia.** Significa ser muy consciente de tu entorno, siempre preocupado de que algo malo pueda sucederte y estar en modo de lucha o huida la mayor parte del tiempo. La hipervigilancia también implica ser muy consciente de que el mundo es peligroso y creer que nadie está ahí para cuidarte, por lo que eres la única persona responsable de tu seguridad.

4. **Ira.** La doctora DeGruy lo expresa de manera diferente, en términos de que la ira es la respuesta emocional normal a un objetivo bloqueado. Pero, como yo veo la ira, es más como si nuestro cuerpo, que es nuestra brújula interna, nos dijera que hemos sido irrespetados, deshonrados, que se están aprovechando de nosotros. Por supuesto, la ira es una respuesta muy válida, luego de que las personas esclavizadas fueran tratadas de manera tan irrespetuosa, inhumana e injusta.
5. **La opresión internalizada y la creencia en la inferioridad.** La doctora DeGruy lo considera uno de los síntomas más insidiosos del síndrome de estrés postraumático de la esclavitud. Después de siglos de ser considerados inferiores, esta creencia tiende a internalizarse, y cuando eso sucede, influye en el comportamiento y se sigue perpetuando, incluso en ausencia del opresor.

En el Caribe y en general en toda Latinoamérica, existe el colorismo, según el cual cuanto más oscura es tu piel, peor se te trata y menos privilegios tienes. También existía el concepto de «mejorar la raza», el cual experimenté en mayor medida. Incluso las familias de piel más oscura querían que sus hijos se casaran con personas de piel más clara para «mejorar la raza». Esto también incluye el cabello; en mi caso, tenía que hacer algo al respecto mientras crecía para no tener «pelo malo». Muchas de estas prácticas son muy comunes en Puerto Rico y en América Latina, y la gente las internaliza y las acepta sin cuestionar todos estos conceptos y los nombres que les damos.

En gran medida, el colorismo es consecuencia del sistema de castas que implementaron los españoles y portugueses durante la conquista y la colonización. Los sistemas de castas son sistemas de estratificación social para ordenar de manera jerárquica el estatus social de las personas basándose técnicamente en su color de piel. Los blancos europeos puros dominaban la jerarquía y poder en la sociedad. Observa la siguiente imagen para conocer las mezclas y la posición en que se encontraba cada una. Aunque muchos abogan que fue difícil de seguir por la complejidad de las mezclas interraciales que se dieron en América, hoy en día esto se ve más internalizado a través del colorismo y el afán de «mejorar la raza», y en el clasismo que todavía rige en los países de Latinoamérica.

Pausa reflexiva

¿Qué experiencias de racismo o colorismo experimentaron tus antepasados y ancestros? ¿Cómo impactan hoy en día en tus creencias, sensaciones y conductas?

En mi caso, yo provengo de una mezcla (mestizaje) entre muchas culturas y etnias, en especial la europea (española y portuguesa mayormente), africana (sobre todo de las regiones del oeste de Africa) e indígena (los más recientes habitantes de Borikén [nombre indígena de Puerto Rico] fueron los taínos, que surgieron de los arawakos). Este mestizaje resultó de la conquista europea en el Caribe, y la colonización subsecuente.

De las consecuencias antes mencionadas, las que más veo en mi familia y en mi vida es la hipervigilancia y un sentido de urgencia; luego de mucho trabajo de sanación han mejorado. Fui criada de tal manera que, si había un problema, debía resolverse de inmediato. Muchas personas pueden ver esto como una gran ética de trabajo, pero no se dan cuenta de que es ansiedad o un miedo inconsciente a que, si no se resuelve de inmediato, algo malo podría suceder.

PERSPECTIVA DE LAS CONSTELACIONES FAMILIARES

Mientras escribía este libro, solicité los servicios de María J. Ramírez, una compañera de cursos de las nuevas constelaciones familiares liderado por la maestra María Teresa Bretón (o Tere, como le decimos de cariño) bajo la escuela de Brigitte Champetier de Ribes (alumna de Bert Hellinger), para completar mi árbol genealógico. Es curioso que justo en este momento, al ver el avance que llevo a través de la página web www.familysearch.org, leo esta frase (originalmente en inglés):

Toda persona merece ser recordada.

Pienso que son las palabras perfectas para transitar a hablar de los ancestros y antepasados desde la perspectiva de las constelaciones familiares, ya que es una de las tres premisas importantes de las constelaciones: inclusión.

El psicoterapeuta alemán Bert Hellinger es uno de los más destacados en el campo de las constelaciones familiares. Él fue un sacerdote católico que vivió en Sudáfrica y convivió con la comunidad zulú en las décadas de 1950 y 1960. Allí participó en sus ceremonias de sanación, que incluían a los sistemas familiares y ancestros. También aprendió el lenguaje de los zulúes e impartía misas en su idioma. Luego de que se retiró como sacerdote, se convirtió en terapeuta familiar. Se dice que gran parte de su enfoque y forma de realizar las terapias con los sistemas familiares se basan en lo que aprendió con los zulúes. Después de salirse del sacerdocio, vivió en Estados Unidos y en otros países europeos en los que aprendió de muchos modelos psicoterapéuticos, incluyendo el psicoanálisis y diferentes estilos de terapia sistémica y familiar. Aunque no pude encontrar mucha información sobre la influencia de los zulúes, por cuestiones de este libro, los honro a ellos, a las demás tribus de Sudáfrica y a otros indígenas que influenciaron los modelos psicoterapéuticos que Hellinger integró en las constelaciones familiares. Los métodos y la personalidad de Hellinger han generado polémicas, aun así, considero que es importante agradecerle por su ayuda a que este conocimiento se expandiera por el mundo.

En *Este dolor no es mío*, Mark Wolynn menciona que Hellinger plantea en muchos de sus libros la idea de que heredamos los traumas familiares y los «revivimos» (hechos traumáticos como la muerte prematura de los progenitores o familiares, abandonos, delitos o suicidios). Estos traumas pueden tener una influencia poderosa en los descendientes, como unas huellas familiares que se repiten de manera inconsciente generación tras generación. Algo en lo que Wolynn hace hincapié es que la repetición de esas huellas familiares no siempre es una réplica exacta del hecho primitivo, sino que puede ser algo relacionado. El autor ofrece un ejemplo de una familia en la que una persona comete un delito, y en la generación posterior nace una persona que está «purgando» el delito sin ser consciente de ello.

De acuerdo con Wolynn, Hellinger planteó que lo que impulsa esas repeticiones son lealtades inconscientes que tenemos con nuestros familiares, y menciona que dichas lealtades son fuente de muchos sufrimientos en las familias. Este es una de las cosas que más me intrigan e interesan explorar en mi vida y con mis pacientes.

Llevo desde el 2022 aprendiendo sobre el tema a través de cursos, realizando constelaciones para diversas situaciones personales y consultas grupales y más reciente certificación. En este proceso, he visto muchas de las cosas que había repetido de manera inconsciente y que ahora salen a la luz. En particular, he reflexionado mucho sobre las mujeres en mi familia, y las cosas que estaba haciendo por lealtad a ellas, en un intento de pertenecer. Por ejemplo, siempre he tenido un gran ímpetu de lograr títulos y ser reconocida. Luego de una profunda exploración, descubrí que este ímpetu está informado, en parte, por algunas ancestras que no fueron reconocidas o no se les permitió estudiar y lograr títulos. Gran parte de mi aprendizaje ha sido por «verlas», honrarlas y reconocerlas primero, y luego «devolverles» sus deseos, que no me pertenecen, para así asumir lo que es mío.

La siguiente definición de las constelaciones familiares fue brindada por mi maestra Tere, quien, a su vez, la recibió de Brigitte Champetier de Ribes: las constelaciones son la herramienta de la filosofía del amor adulto. Nos permiten ver la realidad y lo que nos limita en nuestra realización, descubriendo las limitaciones y otras ataduras inconscientes del pasado para liberarlas y haciéndonos cada vez más fuertes, autónomos y exitosos.

Las constelaciones familiares tienen principios sistémicos (cada miembro de la familia es como una pieza de rompecabezas, cada uno encaja de una manera y todo está relacionado) y fenomenológicos (el estudio de cómo experimentamos el mundo tal cómo lo vivimos, sin teorías ni juicios). Brigitte Champetier de Ribes menciona en *Las fuerzas del amor* que las nuevas constelaciones se basan en tres órdenes del amor:

1. **Pertenencia:** inclusión de todos y todo; aceptación radical de lo que pasó y lo que es.

2. **Orden:** reconocer a los que vinieron antes de ti y respetarlos; y de igual forma, asumir el rol del adulto cuando se es adulto.
3. **Compensación:** equilibrio entre pérdidas y ganancias para posibilitar que todas las experiencias pasadas culminen su proceso, incluso si ocurre varias generaciones después.

Ahora te hablaré de mi interpretación sobre las constelaciones y por qué las traigo a colación. Los sistemas familiares tienden a evolucionar, y para hacerlo, se repiten patrones y se busca saldar deudas a través de las generaciones. Es como si constantemente estuvieran trayendo a la luz una situación que necesita ser sanada, así se manifiestan las repeticiones. Algunos ejemplos son los patrones de conductas de alcoholismo entre generaciones: el abuelo era alcohólico, y ahora el nieto también lo es. Sé que hay muchas maneras de explicar las razones por las cuales esto pudiera suceder, incluyendo el ADN y la crianza; pero, según la filosofía detrás de las constelaciones, esto se repite por intrincaciones que tenemos con el ancestro para «pertenecer» (por ejemplo: «yo como tú»), por compensaciones de deudas ancestrales («yo por ti») u otras razones como la homeostasis (mantener el sistema igual).

A estos tipos de compensación que se hacen en los sistemas, se les llama «compensación arcaica» o «ciega». Solemos hacerla desde la inconciencia, desde la condición de «niño» (incluida la de adolescente) que se siente incapaz o víctima, o bien, desde la condición de «padre» que es muy crítico y juicioso; en fin, no la hacemos desde el yo verdadero, auténtico y capaz.

Para ayudar a salir de esas intrincaciones y lealtades, es necesario que el adulto asuma lo que pasó, a los demás y su vida tal y como son, y que renuncie a las lealtades y viva la vida en plenitud (a lo que se llama «compensación adulta»). Al hacer esto, según la filosofía de las constelaciones, todo conflicto resuelto por un vivo sana el inconcluso de sus ancestros. Es decir, si el adulto rompe la lealtad con un ancestro que había sido pasada de generación en generación, ese patrón termina y no solo ayuda a sus ancestros a tener de regreso lo que es de ellos, sino también a sus descendientes a no caer en el mismo patrón. El sistema se hace más inclusivo y evoluciona.

Las constelaciones familiares parten de la noción de que todo ser vivo está interconectado, y lo que le pasa a uno le impacta a los demás. En el sistema familiar, esto se puede ver a través de vínculos con algún familiar excluido u olvidado. Según la filosofía de las constelaciones, en el momento de la concepción, recibimos nuestro legado genético y morfogenético (un campo de información que repite el pasado) de nuestros padres biológicos, y la vinculación específica con algunos ancestros de quienes recibimos la fisiología, lo emocional, lo mental, las fidelidades sistémicas y el grado de conciencia. Estos vínculos ocurren cuando somos muy pequeños, por lo que están formados de creencias mágicas e ilusorias que se distinguen en la niñez, por ejemplo: «Si mi abuela sufrió tanto antes de morir, yo no debo disfrutar, debo sentir y padecer lo mismo que ella». Otra vinculación clásica es con un perpetrador y querer expiar sus «crímenes» a través de tu vida, por ejemplo: «Mi bisabuelo nunca pagó una deuda financiera. Así que yo voy a expiarlo cobrando barato y pasar problemas financieros». Bajo la perspectiva de que «lo que se hace aquí se paga», alguno de los descendientes lo pagará si la persona directa no lo hizo.

¿CÓMO SE APLICA TODO ESTO A LA HERIDA MATERNA? RESUMEN

Provienes de muchos ancestros gracias a cuya sobrevivencia hoy estás aquí. Sus experiencias de vida fueron transmitidas de manera intergeneracional (ADN, vientre materno y crianza) e influye las conductas y formas de ser no solo de tu mamá, sino también tuyas. Tus ancestros siguen influenciándote a través de patrones familiares, eventos paranormales o psíquicos, y lealtades basadas en la pertenencia a tu sistema familiar. Puede que lo que sientas o experimentes en tu vida sea parte de una compensación por algo que un ancestro haya pasado, de manera inconsciente —incluyendo la relación que tienes o tuviste con tu madre—. La herida materna es influenciada por tu sistema y lo que pasaron tus ancestros y tu madre. Algunos ejemplos pueden ser vínculos rotos entre madre e hija en tu sistema, alguna intrincación que tenga tu mamá (o tú) con un ancestro («yo como tú», «yo por ti»), y traumas que hayas pasado, o que pasó tu mamá contigo y que hayan impactado la capacidad de vínculos saludables hija-madre.

Asimila esta información y luego recuerda que, aunque el pasado nos influya, no nos define. El hecho de que estés aquí, leyendo esto, demuestra que estás en el presente y que, al igual que todo ser humano, tienes la capacidad de hacer cambios en tu vida, tus relaciones, tus pensamientos y el manejo de tus sensaciones. Yo creo en ti, y me llena de mucho orgullo y felicidad saber que estás buscando maneras de entender y cambiar la relación con tu madre o hija. Sin ser completamente consciente, al cambiarla también obtienes el potencial de contribuir a la sanación de tu linaje o de tus pares. Gracias por tu valentía.

Pausa reflexiva

¿Qué resuena contigo? ¿Cómo se siente tu cuerpo al escuchar esto?

¿QUÉ HACEMOS CON TODA ESTA INFORMACIÓN?

Si llegaste hasta aquí, lo más probable es que recordaras situaciones traumáticas y adversidades que tus ancestros enfrentaron y que todavía te impactan. No estás solo. Los traumas y adversidades son parte de la vida, es lo que compartimos como hermanos humanos. Al final del día, no es lo que nos pasó, sino cómo lo interpretamos, manejamos y superamos. Ahí es donde recae la fuerza humana, en ser capaces de superar situaciones que nos estremecen la vida y el alma.

Estas experiencias están llenas de pérdidas, no solo humanas, sino también de aquello que no pudimos tener a raíz de ese trauma. Por ejemplo, el no haber recibido el amor cálido de la madre o algún familiar y hoy en día estar en relaciones en las que tratamos de llenar ese vacío; el no haber tenido una infancia estable llena de inocencia y diversión, ya que tuviste que desempeñar el rol de proveedor y cuidador de tus padres; el no haber podido seguir tus sueños por falta de dinero o tiempo, entre otros.

Cuando hablo de pérdidas, siempre vienen a mi mente las clásicas etapas de duelo que la doctora Elisabeth Kübler-Ross planteó:

1. **Negación:** La negación sobre lo que pasaron nuestros ancestros o cómo repercute esto en nuestra vida suele ocurrir cuando nuestro cuerpo percibe que la información es muy dolorosa, así que la rechaza de manera «protectora» para reducir su impacto. Es como dice el dicho «Ojos que no ven, corazón que no siente». Sin embargo, ¿es verdad que no se

siente?, ¿es cierto que algo no nos afecta solo porque no lo vemos? Yo lo veo, más bien, como un sufrimiento que se posterga y se acumula, y cuando uno lo «ve», es como si le cayera el veinte de golpe.

2. **Ira:** Esta fase tiende a suceder luego de reconocer el dolor que traen los traumas generacionales. Es necesaria y de mucha ayuda si se canaliza bien. Me explico: muchas veces experimentamos coraje cuando sentimos que nos están faltando el respeto o por injusticias. Ese coraje puede darnos la fuerza para tomar decisiones, o expresarnos y establecer límites saludables, salir de situaciones tóxicas, dar los pasos necesarios para avanzar en la vida, entre otros beneficios. Cuando hablo de la importancia de canalizarlo, me refiero a que muchas veces ese coraje y la fuerza que nos da se siente bien —y para algunos es la única manera de tomar alguna acción—; pero si no le damos su espacio para dejarse sentir y fluir, podemos quedarnos estancados en corajes e iras, ya sea que actuemos de manera tal que luego nos arrepintamos, o que nos traguemos la emoción y nos dañemos a nosotros mismos. Consulta más adelante los ejercicios que te recomiendo para dejar fluir las emociones.

3. **Negociación:** Esta fase se caracteriza por negociar con un poder superior, contigo, con otras personas o con el destino, para tratar de eliminar o mitigar el dolor de la pérdida. Cuando lo aplico a las heridas ancestrales, es común que surja el patrón de «yo por ti» que mencionaba en la sección de las constelaciones familiares —en la que nosotros buscamos

«tomar» el dolor de nuestros ancestros para mitigarlo—. Otra manera de manifestarse es en el sobrepensamiento de lo que les sucedió a tus ancestros y lo que podrías hacer diferente para sosegar o eliminar el dolor que pasaron y que ahora tú sientes.

4. **Depresión:** Esta fase se distingue por sentimientos de tristeza, desganos, llantos, no hacer lo que antes te gustaba, dificultad para dormir, comer de más o de menos, dificultad para concentrarte, irritabilidad, cansancio, y hasta pensamientos relacionados con la muerte. Muchas personas se quedan estancadas en esta fase, aunque también puede promover momentos de autorreflexión y plantear los cambios que puedes hacer en tu vida. Si no se deja fluir, se puede enmascarar como martirio, otra manera de «sufrir por ellos». Mira las recomendaciones al final del capítulo para navegar tus emociones. *Si sientes una combinación de estas, en especial pensamientos de muerte, por favor, busca ayuda. Consulta la sección «Recursos» para encontrar apoyo y guía.*

5. **Aceptación:** Esta fase se caracteriza por la aceptación de lo ocurrido. Se acepta lo que pasaron los ancestros y su impacto en el presente. Esto no quiere decir que uno está de acuerdo o que justifica lo ocurrido, es reconocer lo que ya pasó para —desde la aceptación— tomar acciones en el presente y potenciar el cambio en el futuro.

6. **Adaptación:** Esta fase no fue planteada por Kübler-Ross, pero muchos expertos en el campo de sanación de duelo la

añaden. Se caracteriza por una reconstrucción de la vida y adaptaciones nuevas luego de aceptar la pérdida.

Es importante aclarar que estas fases no son consecutivas. Es decir, no porque saliste de la fase de ira, ya puedes pasar a la de negociación. Al contrario, es un modelo vivo en el cual navegas y exploras a través de tu vida. Hay veces en las que uno piensa que ya superó algo, y de repente viene un detonante que remueve sensaciones viejas y puede traer nuevas. La diferencia es que, si estás haciendo algo para gestionarlo, se siente menos intenso, dura menos el impacto, sabes manejarlo mejor y te sientes más bajo control.

Pausa reflexiva

¿Cuál de estas fases te resuena más? Cuando leíste las fases, ¿qué sensaciones tuviste?, ¿alguna emoción?, ¿qué pensamientos vinieron a ti?

Ejercicios para promover la sanación ancestral

1. Conoce a tus ancestros. Si tienes información de tu familia biológica, te recomiendo grandemente hacer un árbol genealógico. Puedes usar páginas web como Family Search <www.familysearch.org> o Ancestry <www.ancestry.com> (esta es con una membresía. Otra opción es contratar a un historiador especialista en árboles genealógicos. Pero si esto te intimida, con lápiz y papel comienza a escribir los nombres de los miembros de al menos tres generaciones, hazlo con un estilo simple. Explora dónde vivieron, sus profesiones, relaciones, enfermedades, traumas, dones, etc. Si no conoces a tu familia biológica, pero sabes un poco de sus orígenes, lee sobre esos lugares y los hechos históricos que ocurrieron en su época. Antes de comenzar este ejercicio, y mientras lo vas completando, nota la mirada que tienes hacia ellos y recuerda fomentar respeto y hacerlo desde una mirada amorosa. También nota qué ocurre en el proceso, qué información conseguiste primero, cuál no consigues, qué cosas ayudan y demás. Nota cómo se siente tu cuerpo, y si consideras que alguna sensación no te pertenece, regresa al presente diciendo en voz alta tu

nombre y quién eres, y haz ejercicios de enraizamiento (regresa a la introducción para más sugerencias), y de soltar lealtades o intrincaciones (mira más adelante). Otra recomendación es incluir a tus familiares y hacerlo de manera colectiva, si es posible.

2. Buscar maneras para honrarlos y conectar con los que están bien: Aquí es donde nos ponemos creativos y acudimos a nuestra sabiduría interna. Puedes utilizar desde altares, hacer comidas que tus ancestros preparaban, ir a lugares donde se criaron o sitios especiales para ellos —incluidos cementerios—. Asiste a actividades para honrar a los ancestros, como los festivales del Día de Muertos. Celebra sus aniversarios de muerte y de cumpleaños como ocasiones para recordarlos. Pide señales de los ancestros que sientes que están bien, en momentos de duda o cuando necesites ayuda. Escribe los sueños que tengas con ellos y reflexiona sobre los posibles mensajes. Medita para conectar con ellos (ve a la página web para que escuches algunas de las que incluí para acompañar el libro).

3. Soltando lealtades e intrincaciones:

   a) Identifica conductas que sientas que vienen desde los estados de no sentirte capaz de hacer algo o de víctima, o de cuando juzgas mucho.

   b) Cuando tengas una conducta en mente, te invito a que primero hagas una práctica para enraizarte y regresar al presente; y cuando te sientas más presente y conectando con tu fuerza de adulto, utiliza tu espacio alrededor y designa un punto en el cuarto que represente a tu yo adulto y otro que represente a tus ancestros (o, si quieres, puedes dividir a los ancestros en línea materna y línea paterna, en la de las ancestras y la de los ancestros, u otras agrupaciones que resuenen contigo).

c) Camina, ponte en el lugar del adulto y reconoce las sensaciones, emociones y pensamientos relacionados con la situación que identificaste.

d) Ahora te mueves al lugar (o lugares) de tus ancestros y reconoce las sensaciones, emociones y pensamientos.

e) Escribe lo que experimentaste en cada rol y contesta la siguiente pregunta de manera intuitiva: «¿Este patrón conductual está basado en una intrincación con un ancestro o una lealtad a alguien o al sistema?». Si necesitas más *input* de información, repite los pasos c y d.

f) Si identificaste una intrincación o lealtad, o si sientes que es muy probable, te invito a que repitas en voz alta desde la posición de adulto (siéntete en libertad de añadir y modificar algo según tu estilo de hablar e intuición): *Yo soy (tu nombre), hija de (nombre de los padres). Soy su descendiente (o más específico si sabes con quién estás intrincada). Ustedes son mis ancestros. Los honro. Gracias por todo lo que hicieron para que yo estuviera aquí, viva. Acabo de percatarme de que (describe el patrón) es uno que se repite generacionalmente / que (nombre del ancestro) pasó. Lo que pasó, pasó. Así fue. Ya es pasado. Hoy ya crecí, y decido soltar (menciona el patrón) para hacer las cosas de manera diferente. Te devuelvo, (ancestro), lo que es tuyo. Yo por mí, tú por ti. Gracias por la vida. Descansa en paz.*

g) Luego de esto, asiente. Respira profundo. Cuando sientas que se completó el ejercicio, sal del puesto y, si quieres, escribe algo acerca de esa experiencia.

CAPÍTULO 3
¿Qué es la herida materna?

«La fuerza universal es el amor»[1]

Cuando propuse la teoría de la relatividad, muy pocos me entendieron, y lo que te revelaré ahora para que lo transmitas a la humanidad también chocará con la incomprensión y los prejuicios del mundo.

[...] Hay una fuerza extremadamente poderosa para la que hasta ahora la ciencia no ha encontrado una explicación formal. Es una fuerza que incluye y gobierna a todas las otras, y que incluso está detrás de cualquier fenómeno que opera en el universo y aún no ha sido identificado por nosotros.

---

[1] Carta que circula en internet como parte de las misivas que Albert Einstein le envió a su hija para que las publicaran dos décadas luego de su muerte. Aunque la veracidad de la carta está en duda, quise incluirla para iniciar este capítulo con el contexto de la fuerza del amor.

Esta fuerza universal es el AMOR. Cuando los científicos buscaban una teoría unificada del universo, olvidaron la más invisible y poderosa de las fuerzas. El Amor es Luz, dado que ilumina a quien lo da y lo recibe. El Amor es gravedad, porque hace que unas personas se sientan atraídas por otras. El Amor es potencia, porque multiplica lo mejor que tenemos, y permite que la humanidad no se extinga en su ciego egoísmo. El amor revela y desvela. Por amor se vive y se muere.

[...] Cuando aprendamos a dar y recibir esta energía universal, querida Lieserl, comprobaremos que el amor todo lo vence, todo lo trasciende y todo lo puede, porque el amor es la quinta esencia de la vida. Lamento profundamente no haberte sabido expresar lo que alberga mi corazón, que ha latido silenciosamente por ti toda mi vida.

¡Tal vez sea demasiado tarde para pedir perdón, pero como el tiempo es relativo, necesito decirte que te quiero y que gracias a ti he llegado a la última respuesta!

Tu Padre, Albert Einstein

◁◇▷•◁ Invitación ceremonial ◁◇▷•▷▷▷

Respira profundo (haz exhalaciones más largas), siente el contacto que tienes con el suelo o superficie en la que estás. Siente el apoyo que esa superficie te brinda. Oriéntate al presente, al cuarto o lugar donde estás; a tu respiración, a tu temperatura corporal en comparación con la del lugar en que estás... y a tu corazón, sus palpitaciones. Ahora piensa en todas las personas que están en este momento en un camino de sanación. Estas personas están sintiendo las resistencias y, si lo necesitan, toman pausas, pero siguen en su camino de sanación. No estás sola ni solo. Conecta con estas personas, y luego reflexiona por un momento (puedes escribirlo): ¿Cómo se siente saber que no estás solo en este caminar de sanación de la herida materna? Si supieras que no eres la única persona en este camino, ¿qué harías diferente?

Te invito a conectar con el amor y su fuerza, y a leer este capítulo con una mirada de curiosidad, intentando adoptar una perspectiva diferente y amorosa de la información que vayas recibiendo. Mi intención no es alimentar la culpa ni señalar a nadie; todo lo contrario, busco explicar el contexto que pudo haber informado la herida materna que sientes, así como los patrones no saludables de relación con tu madre que surgieron en tu infancia o que actualmente has reconocido. El propósito es fomentar la sanación de tu herida, y darte la oportunidad de romper ciclos generacionales de sufrimiento.

Lo más probable es que algunas partes del capítulo, en especial las relacionadas con lo que le pasó a tu mamá para que fuera como es o fue, te provoquen sentimientos de ira, coraje, tristeza o injusticia por tener que «pensar en ella», debido al dolor que sus acciones ocasionaron en ti. Por ello, te digo:

Sí, así fue.
Te causó mucho dolor.
No fue justo para ti.
Ya pasó, y creciste.
Hoy, el camino de sanación es para ti.
Aunque es posible que tu madre no cambie o no pueda pedir perdón, tu sanación no depende de eso.
Tú tienes el poder de liberar esta carga y vivir con más paz y plenitud.
Hazlo por ti, por tu bienestar, y por la posibilidad de sentirte más ligero y en conexión contigo mismo.

Asienta esto. Respira profundo. Tómate el tiempo que necesites. Pero recuerda, el propósito de lo que está escrito aquí no es para cambiar a mamá, sino para que tú puedas hacer las paces con lo que fue (y todavía es), de modo que ya no sientas todos esos revolcones de emociones y dificultades relacionados con la raíz de tu herida materna. Hazlo por ti. Por tu niño o niña interior. Por tu salud mental y emocional. Por tu futuro. No eres la única persona.

Historia de Morelia

Durante una sesión de supervisión, le expresé a mi supervisor clínico mi juicio hacia Morelia, la madre de mi paciente Priscila. Criticaba su decisión de dejarla al cuidado de la pareja de su prima, una persona irresponsable y alcohólica, lo que resultó en el abuso sexual hacia Priscila. Mi supervisor me detuvo y me dijo: «Lydiana, deja de juzgar a la mamá de Priscila. No sabes por lo que ella pasó. Reúnete con ella y escucha su historia».

Seguí su consejo, dejé de lado mi juicio y me reuní con Morelia desde una postura abierta y curiosa. Descubrí que había vivido traumas significativos: abusos físicos y sexuales en su infancia en Cuba, una inmigración difícil a Estados Unidos a los 14 años y más abusos en su adultez. Además, era madre soltera con dos empleos para sostener a sus hijos, lo que la mantenía en un estado de sobrevivencia constante. Con recursos limitados, tomó la decisión que le parecía más viable en ese momento.

Comprender su contexto me transformó. Reconocí que, dentro de sus limitaciones y heridas, Morelia estaba haciendo lo mejor que podía. Este cambio de perspectiva me llevó a enfocarme en conectar con los padres de mis pacientes para entenderlos mejor. Gracias a esta apertura, ayudé a los padres divorciados de Priscila a pasar de una relación conflictiva a colaborar en la organización de la fiesta de cumpleaños de su hija. Sin este cambio de mentalidad, el éxito del caso no habría sido posible.

Este encuentro despertó en mí un interés profundo por comprender el dolor de las madres y las experiencias que las moldean, lo que ha enriquecido mi práctica profesional.

¿QUÉ ES LA HERIDA MATERNA?

La herida materna ocurre cuando el vínculo afectivo con nuestra madre o figura materna se ve afectado, porque no nos sentimos amados, cuidados, protegidos o guiados por ella. Esto puede suceder debido a experiencias como abusos, maltratos, negligencia, rechazo, exigencias demasiado altas o situaciones en las que nuestras necesidades emocionales no fueron atendidas. Este tipo de herida impacta profundamente en cómo nos vemos a nosotros mismos, cómo nos relacionamos con los demás y cómo nos sentimos en el mundo. Además, la herida materna no surge solo de nuestra relación con la madre o figura materna, sino que a menudo está conectada con patrones familiares y generacionales que se transmiten a través del tiempo (véase el capítulo 2).

Bethany Webster, autora del libro *Sanar la herida materna*, define esta como «una condición social que se origina en el patriarcado y se manifiesta en cuatro niveles: personal, cultural, espiritual y planetario». A nivel personal, se refiere a las creencias y patrones limitantes que aceptamos e impactan en nuestro presente, y tienen origen en las relaciones maternofiliales. A nivel cultural, describe la devaluación sistemática de la mujer en las culturas patriarcales que se originan en la colonización. A nivel espiritual, explica la sensación de desconexión y alienación de un poder superior y un sentido de vida. Y a nivel planetario, se refiere al daño que le hemos causado a la madre tierra y que amenaza nuestra existencia.

¿CÓMO SE MANIFIESTA LA HERIDA MATERNA?

Esta herida se manifiesta a través de:

1. Creencias que promueven un sentido de inferioridad:
    a) «No soy suficiente».
    b) «No merezco lo que quiero».
    c) «Nadie está ahí para mí».
    d) «Mi voz y verdad no importan».
    e) «No importo».

2. Conductas que perpetúan las creencias antes mencionadas:
   a) Autosabotaje.
   b) Complacer a los demás a toda costa.
   c) Inseguridad; que también puede manifestarse en una máscara de seguridad.
   d) No expresar nuestra verdad.
   e) Descuido físico y emocional.
3. Emociones:
   a) Coraje y resentimiento hacia la madre y hacia sí mismo.
   b) Tristeza relacionada con la falta de cuidado y el apoyo no recibido de la madre.
   c) Confusión sobre cómo te sientes o qué deberías hacer en relación con la madre.
   d) Culpa debido a sentimientos de responsabilidad por la relación maternofilial.
   e) Sentimientos de rechazo y abandono, como no ser aceptado o haber sido abandonado por la madre, lo cual se generalizó en otras relaciones.
   f) Ansiedad e hipervigilancia: mantenerse hiperalerta en las relaciones para así prevenir situaciones no deseadas.
4. Sensaciones:
   a) Relacionadas con la ansiedad: palpitaciones, nerviosismo, presión en partes del cuerpo, temblores, respiración superficial y no profunda, incluso pánico, pensamientos repetitivos e «incontrolables».

- **b)** Relacionadas con la tristeza: cansancio, pesadez, lentitud, sensación de vacío o hueco en el estómago, llantos, nudo en la garganta.
- **c)** Relacionadas con el coraje: rostro caliente, un correntón u hormigueo de energía hacia las manos y piernas, tensión, presión en el pecho, aceleración del ritmo cardiaco, sudoración, boca seca o nudo en la garganta, dilatación de las pupilas, respiración acelerada.
- **d)** Relacionadas con la culpa: malestar estomacal, presión en el pecho, mareos o desequilibrios, fatiga, respiración superficial, llanto, temblores o inquietud, sudoración excesiva.

5. Relaciones que perpetúan las creencias antes mencionadas o repetidoras de la que tuvimos con nuestra madre:
   - **a)** Poner a los demás por encima de nuestras necesidades.
   - **b)** Inseguridades en relaciones; por ejemplo, celos y desconfianza.
   - **c)** Necesidad de que otras personas nos cuiden o satisfagan las necesidades que nuestra madre no cumplió.
   - **d)** No poner límites en las relaciones o «fusionarnos» con la otra persona.

Esta lista no es exhaustiva, y los factores dependerán de tu personalidad, del tipo de relación que tuviste con tu madre, o de si recibiste apoyo de otras personas o cuidadores que, de alguna manera, te mostraron amor y cuidado para contrarrestar la herida materna.

RAÍZ DE LA HERIDA MATERNA

En su libro *Sanando la herida materna*, Aura Medina de Wit explica que «esta herida es el dolor de ser mujer que ha sido pasado de generación en generación en las culturas patriarcales». Te puedes preguntar a qué se refiere ese supuesto dolor de ser mujer en las culturas patriarcales, por lo cual debemos comenzar hablando del patriarcado.

El patriarcado es un sistema en el que los hombres ostentan el poder principal, tanto en el hogar como en el trabajo, las leyes y las decisiones políticas. Este sistema afecta cómo vivimos, cómo nos vemos a nosotros mismos y cómo nos relacionamos con los demás.[2] Además, no solo se refleja en las estructuras externas de la sociedad (leyes, normas, valores, etc.), sino también en las internas (identidad y formas de vivir). Algunas de las implicaciones son las siguientes:

- ◊ Se promulgan leyes injustas que les quitan libertades a la mujer.
- ◊ Inequidad de salarios en posiciones iguales entre hombres y mujeres.
- ◊ Se da espacio a relaciones abusivas y controladoras del hombre hacia la mujer.

---

[2] Postigo-Asenjo, M. (2001). «El patriarcado y la estructura social de la vida cotidiana». *Contrastes, Revista Interdisciplinar de Filosofía*, VI, pp. 199-208.

- Las mujeres, al sentirse inferiores, aguantan más injusticias al creer que es lo que merecen.
- Se asume que la mujer corre con la responsabilidad completa y los quehaceres del hogar y la crianza de sus hijos, sin importar que ella trabaje.
- Se asume que la mujer es dramática y no se le cree; esto impacta incluso en la atención médica que se le brinda a la mujer, a diferencia del manejo de dolor o cuidado hacia los hombres.

En su libro *Patriarchy Stress Disorder*, la doctora Valerie Rein explica cómo la opresión basada en la idea de que las mujeres son inferiores afecta su sentido de dignidad y valor propio. Rein introduce el término «trastorno por estrés por el patriarcado» para describir estas experiencias compartidas por muchas mujeres, destacando que una de las heridas centrales es la falta de valor personal. Esta carencia nos lleva a buscar validación externa para sentirnos valiosas. Según Rein, las heridas se reflejan en creencias internalizadas como:

- Ser vistas, pero no escuchadas.
- No mostrarnos demasiado inteligentes.
- Aprender tareas domésticas y ser sumisas para agradarles a los hombres.
- No ser demasiado atractivas para evitar el riesgo de agresión sexual.
- No ser demasiado poderosas, ya que podrían perder a su pareja o ser castigadas.

¿Qué es la herida materna?

Aprendemos lo que significa ser mujer u hombre no solo por lo que nuestros padres nos dicen, sino por lo que hacen y modelan cada día. En muchos hogares, las madres que han enfrentado abusos o injusticias por ser mujeres cargan un profundo dolor. Este, al no ser procesado, se convierte en una carga emocional que impacta su relación con sus hijos. Así es como se transmite la herida materna: a través de patrones de comportamiento que reflejan su propio sufrimiento, ya sea reprimiendo sus emociones, reaccionando con coraje o manifestando resentimiento y celos. Estas dinámicas moldean no solo cómo los hijos ven a sus madres, sino también cómo perciben su propio valor y las relaciones en su vida.

En el caso de Morelia, cuando las autoridades se enteraron de que su hija había sido víctima de abuso sexual bajo su tutela, tomaron la decisión de remover rápidamente a la menor del hogar y enviarla a vivir con su padre. Aunque esta medida tenía sentido para garantizar la seguridad de la joven, el sistema no ofreció soluciones prácticas para ayudar a Morelia a recuperar la tutela de su hija. Más allá de inscribirla en clases sobre prevención de abusos, no se le proporcionó el apoyo necesario para que pudiera atender adecuadamente las necesidades de su familia.

Lo que Morelia realmente necesitaba era acceso a ayudas financieras y empleos flexibles que le permitieran estar más presente en la vida de su hija. O, al menos, un empleo que le ofreciera un salario digno para no verse en la necesidad de tener dos empleos. Sin embargo, estas opciones nunca le fueron planteadas.

A esta situación se le sumó el impacto emocional de la culpa que Morelia cargó al sentirse señalada como una «mala madre» en una sociedad que tiende a desvalorizar a la mujer y a la figura materna. Para lidiar con esta culpa, Morelia adoptó una actitud defensiva conmigo al inicio de nuestro trabajo juntas, como una forma de protegerse.

Reconozco que, al principio, yo también abordé mi relación con ella desde el juicio. Había internalizado las expectativas patriarcales de que una madre debía hacerlo todo sin ayuda, y al no cumplir con esos estándares, sentí que merecía ser cuestionada. Fue gracias a la intervención de mi supervisor, quien me invitó a observar su situación desde una perspectiva más curiosa y compasiva, que logré conectar con ella. Este cambio en mi mirada no solo transformó nuestra relación, sino que también me permitió ayudar a Morelia a reconstruir el vínculo con su hija.

Pausa reflexiva

Asiente a tu cuerpo, tus emociones y pensamientos.
¿Qué recuerdos te vienen a la mente con tu madre
o tu figura materna? ¿Qué reflexiones tienes?
Dedica un tiempo a escribirlas en un cuaderno.

Probablemente sabes qué es el machismo e incluso lo has experimentado en tu vida de una manera u otra. Aunque no sé si has escuchado del marianismo, ambos son conceptos que se basan en los estereotipos ideales de las virtudes de los hombres y de las mujeres, influyen en los roles de género de la sociedad o comunidad latinoamericana, y parten del patriarcado.

Machismo

El machismo se basa en la idea de que los hombres son superiores a las mujeres y que ellas deben obedecerles. Estas creencias llevan a comportamientos como evitar mostrar emociones relacionadas con tristeza o vulnerabilidad, usar la fuerza o violencia para ejercer autoridad y demostrar su hombría a través de relaciones sexuales múltiples. El machismo impacta tanto a hombres como a mujeres, creando expectativas rígidas y dañinas para ambos.

Michel Olguín Lacunza y Diana Rojas mencionan en su artículo «Machismo: afecta tanto a mujeres como a hombres»[3] que, bajo esta creencia, un hombre debe demostrar su masculinidad rechazando ser mujer, homosexual o niño. Estos mandatos del machismo conducen a jóvenes a riesgos como peleas, consumo de drogas o accidentes, y perpetúan la violencia de género, feminicidios y agresiones hacia otros hombres. Aunque también los afecta, el machismo les otorga privilegios: más libertades, menor temor al acoso, salarios más altos y reconocimiento por tareas domésticas o de crianza.

---

[3] Olguín Lacunza, M. y Rojas, D. (1.º de febrero de 2023). «Machismo: afecta tanto a mujeres como a hombres». *UNAM Global Revista*. Disponible en <https://unamglobal.unam.mx/globalrevista/machismo-afecta-tanto-a-mujeres-como-a-hombres/>.

El caso de Morelia ilustra cómo el machismo perpetúa la herida materna. Al crecer en un entorno marcado por abusos y desigualdad, Morelia quedó atrapada en un estado de sobrevivencia que la llevó a tomar decisiones limitadas, transmitiéndole sin querer su propio dolor y desconexión emocional a su hija. Este ejemplo muestra cómo las dinámicas del machismo impactan profundamente las relaciones familiares, perpetuando ciclos de dolor que solo pueden romperse a través de la sanación consciente.

Pausa reflexiva

Tómate unos minutos para escribir.
Piensa en un momento específico en el que notaste cómo el machismo afectó a tu madre o a una mujer cercana a ti. ¿Qué emociones te surgieron al recordar ese momento? ¿Cómo crees que influyó en tu forma de relacionarte con los demás o contigo mismo?

Marianismo

El marianismo se refiere a la idea de que las mujeres deben ser como la Virgen María: sacrificadas, sumisas y siempre dispuestas a dar. Esto se refleja en muchas culturas, donde se espera que las mujeres prioricen las necesidades de otros antes que las suyas, muchas veces a costa de su propio bienestar. María Mercedes Velasco[4] describe en su artículo «El marianismo, la otra cara del machismo en *El beso de la mujer araña*» que el término fue definido por Evelyn Stevens como un culto a la superioridad espiritual femenina, que ve a la mujer como semidivina, superior moralmente, y con una fortaleza espiritual superior. De aquí surge la idea de que la mujer puede hacer más (tareas del hogar, crianza, trabajo, etc.) y aguantar más (sufrimiento, maltratos, cargas, etc.).

Además de estas creencias, se piensa y espera que las mujeres sean sumisas, que hagan todos sus roles con gratitud, se muestren felices, no se quejen, y estén dispuestas a servir en todo momento, poniendo a los demás como prioridad sobre ella. Aparte de las tareas en el hogar y de crianza, se espera que complazcan a sus parejas en todo, no solo en sus necesidades básicas, sino también las emocionales y sexuales. ¡Puff! Sentí un calor de coraje al hablar de estas expectativas que se tienen de la mujer, ¿qué sentiste tú?

En el caso de Morelia, el impacto del marianismo era evidente, particularmente a través de las expectativas irreales que las figuras de autoridad colocaban sobre ella como madre y cuidadora principal de sus hijos. Estas expectativas exageradas no solo la sobrecargaron emocionalmente, sino que también contribuyeron a poner a su hija Priscila en una situación de

---

[4] Velasco, M. M. (1989). «El marianismo, la otra cara del machismo en *El beso de la mujer araña*». *Cuadernos Americanos* 1(25), pp. 182-193.

riesgo. Cuando no hay un entorno seguro y sostenible para el cuidado de los niños, aumenta la posibilidad de que se conviertan en víctimas de abuso, como lamentablemente ocurrió.

El marianismo no solo afectó a Morelia, sino también a Priscila, quien, al ser socializada como niña y futura mujer, empezó a internalizar los mismos patrones. Recuerdo cómo Priscila sentía una profunda culpa por no haber cumplido con lo que creía que se esperaba de ella, una expectativa extremadamente alta e irreal que terminó pesando mucho en su desarrollo emocional.

Aunque logramos procesar juntos el trauma del abuso y los síntomas del trastorno por estrés postraumático disminuyeron significativamente, esa sensación de culpa persistió. Priscila seguía sintiendo que no había hecho «lo suficiente», aun cuando estaba claro que había enfrentado una situación que escapaba completamente de su control. Este sentimiento subraya cómo las normas sociales y culturales como el marianismo pueden perpetuar ciclos de autoexigencia y autocrítica, incluso en momentos donde la compasión hacia una misma sería lo más natural.

El sacrificarse, el darlo todo, es uno de esos valores grandes del marianismo. Yo misma viví esto en casa. Fui criada por una mamá que, aunque probablemente estaba cansada por el trabajo y llegaba con hambre, siempre estuvo dispuesta a atenderme primero a mí y a mi hermana, antes de cumplir sus propias necesidades. Aunque mi mamá rompió algunos estereotipos machistas con los que fue criada (por ejemplo, no estar disponible para el hombre todo el tiempo, no realizar todas las comidas o dejar a mi padre hacer algunas tareas domésticas), tenía muchas más responsabilidades del hogar y con nosotras que mi papá. Mi mamá me contó que parte de la razón por la cual ella no quería tener más hijos era porque quería que nosotras (yo y mi hermana) no tuviéramos tantas responsabilidades en la casa como ella las tuvo.

Mi abuela materna también trabajó; por temporadas, incluso tuvo dos empleos. Ella crio a seis hijos, y aunque era maestra, también se encargaba de las tareas del hogar (y luego todas las féminas de la casa) y de siempre estar dispuesta a servirle a mi abuelo. Atenderlo era algo que yo disfrutaba hacer y que él siempre me elogiaba. Sin embargo, tenía mucho de machista, ya que en la mesa había una silla designada para él y, tan pronto se sentaba a comer, había que servirle su plato de comida, un pedazo de pan o de galleta de casco, un vaso de agua y su café. Mi mamá me contó que ella y sus hermanas eran las encargadas de limpiar los cuartos y de lavar y doblar la ropa de sus hermanos varones.

Mi abuela solo les enseñaba lo que en ese momento ella pensaba que era importante que mi mamá y mis tías aprendieran para «pertenecer» a la sociedad y «no tener problemas buscando un hombre». Bajo esa premisa, muchas de nuestras madres hicieron cosas que, aunque probablemente sentían injustas, las consideraban por el bien de sus hijas y sus futuros. Recuerda que, no hace mucho tiempo, las mujeres dependían por completo de los hombres para bandearse su vida.

> **Pausa reflexiva**
>
> ¿Cómo se plasmó el marianismo en tu casa? ¿Cómo influenció a tu madre y a las mujeres de tu linaje? ¿Cómo te afecta en el presente? Si eres hombre, ¿cómo lo ves reflejado en las mujeres a tu alrededor?

Relación maternofilial

La relación de nuestras madres o cuidadores principales con nosotros cuando éramos infantes, incluso durante el embarazo, es crucial en nuestra vida, y puede ser el origen de algunas heridas maternas. Esta etapa de la vida se ve asociada con los diferentes estilos de apegos, es decir, la manera en que aprendemos a relacionarnos con los demás. Los doctores Daniel Siegel y Mary Hartzell en su libro *Ser padres conscientes: un mejor conocimiento de nosotros mismos contribuye a un desarrollo integral de nuestros hijos* mencionan la importancia de la relación maternofilial y su impacto en el desarrollo cerebral y humano. Algo que es importante aclarar es que, aunque es una etapa muy crítica, no determina por completo a la persona, y si luego las relaciones cambian y reciben ese amor y atención de otras personas, los estilos de apego pueden cambiar.

En el capítulo 2, hablé sobre los diferentes estilos de apego. Ahora veamos la relevancia de estos en la relación maternofilial, sobre todo la que tu mamá experimentó y, luego, en la que formó contigo. Como adultos, usualmente continuamos el estilo de apego que recibimos en la niñez.

Estilos de apego	
Niñez	Adultez
Apego seguro	Seguro (autoconfianza, autonomía)
Apego evitativo	Evasivo
Apego ambivalente	Ansioso o preocupado
Apego desorganizado	Desorganizado, traumas o pérdidas que no ha procesado

Apego seguro en la madre

Una madre con apego seguro puede regular sus emociones y enseñar a sus hijos a hacerlo, promoviendo relaciones saludables en las que no se dependa excesivamente de los demás. Esto permite a los hijos manejar conflictos con autonomía y evitar codependencias.

Apego evasivo en la madre

Una madre evasiva tiende a ser emocional o físicamente distante, dificultando la empatía y validación hacia sus hijos. Esto puede llevar a que los hijos eviten sus emociones, busquen aislamiento o tengan problemas para comprometerse en relaciones.

Apego ansioso o preocupado en la madre

Las madres ansiosas priorizan las necesidades de otros sobre las suyas, creando vínculos codependientes con sus hijos. Esto puede generar ansiedad en los hijos y una sensación constante de urgencia ante los problemas.

Apego desorganizado en la madre

Estas madres suelen actuar de forma impredecible debido a traumas no resueltos. Esto puede llevar a relaciones inestables con sus hijos, marcadas por ciclos de cercanía y distanciamiento, falta de límites claros y dificultad para confiar en los demás.

> **Pausa de atención plena**
>
> Respira profundo tres veces. Asiente a tu cuerpo, ¿qué sientes?, ¿qué emociones te visitan?, ¿qué pensamientos o reflexiones tienes? Regresa a tu cuerpo y, si te resuena hacer un ejercicio de enraizamiento, pon tus pies firmes en el suelo (idealmente sin zapatos sobre el pasto o la tierra), y centra tu atención en cómo tus pies y cuerpo son respaldados y apoyados por el suelo.
> Haz 3 respiraciones profundas y luego te invito a que explores lo que ves alrededor, lo que escuchas, los olores y sensaciones en tu piel. Finaliza tomando un poco de agua o algún otro líquido.

En el caso de Morelia y Priscila, la relación madre-hija estaba marcada por la distancia emocional y un patrón de apego evitativo. Morelia mantenía una actitud defensiva, y esto dificultaba que Priscila se sintiera segura para confiar en ella. De hecho, Priscila tardó dos años en revelar el abuso que estaba sufriendo, y cuando finalmente lo hizo, se lo contó a su padre, no a Morelia.

Este distanciamiento entre ambas se debía a múltiples factores. Por un lado, las largas horas de trabajo de Morelia —quien sostenía dos empleos— limitaban enormemente el tiempo que podían compartir juntas. Las pocas interacciones que tenían se reducían a actividades como tareas del hogar, llevar a Priscila a la escuela y recogerla. Por otro lado, Morelia también lidiaba con los efectos de los múltiples traumas que había enfrentado en su vida. Vivía en un constante estado de sobrevivencia.

Cuando una persona está en modo sobrevivencia, resulta extremadamente difícil conectar de manera abierta y genuina con los demás. Es como estar físicamente presente, pero tener la mente ocupada con preocupaciones y problemas que no dejan espacio para construir una relación profunda. En el caso de Morelia, esto significaba que, aunque estaba ahí para cumplir con las responsabilidades básicas, le era imposible crear un vínculo emocional seguro con Priscila.

Este contexto resalta la complejidad de las dinámicas familiares, especialmente cuando las circunstancias externas y las heridas internas limitan la capacidad de conexión. Sin embargo, reconocer estos patrones es el primer paso para transformarlos y sanar.

Estresores en la maternidad

Para hablar de la maternidad en nuestras culturas, exploremos cuáles son los mensajes comunes en torno a ella. Probablemente, al igual que yo, en tu cultura se vea la maternidad como una experiencia positiva en la que la mujer cumple su rol de procrear y por la que al fin se sentirá realizada. Al leer esto, nota cómo se siente. En mí surge un calor del pecho hacia la garganta, ya que, al ser madre, lo que he experimentado no se parece a sentirme realizada. Claro que amo a mis hijos, y no los cambiaría por nada; pero, a la vez, soy parte de la generación que trae a la luz el lado «oscuro» de la maternidad, dentro de una cultura que no valora a la madre y de la cual se espera que siga haciéndolo todo (trabajo, hogar, crianza) con mucho menos apoyo (cuando se vive en comunidades más urbanas y menos tradicionales).

La gestación y la crianza en los primeros años de vida someten a la mujer a un proceso de cambio complejo que impacta no solo en su físico, sino también a nivel psicológico, social y cultural. Ellas experimentan una gran transición a la hora de cuidar y salvaguardar la vida de sus pequeños. En unas condiciones ideales, como las que experimentaron muchas de nuestras ancestras indígenas al vivir en una comunidad y al contar con más personas para el cuidado del bebé, la madre recibe ayuda y atención tanto físicas (por ejemplo, la cuarentena) como psicológicas y sociales; se le permite descansar, recuperarse y sentir el apoyo social de su comunidad. Pero, hablemos claro, esto ya casi no existe en las comunidades «modernas», sobre todo si la madre no pertenece a una y debe realizar por sí sola sus tareas y oficios para sobrevivir.

Hoy en día, considerando los contextos socioeconómicos y políticos en los que vivimos, es más común que la gestación y la maternidad se vean como una «carga» y un estresor que aumenta las exigencias sobre la mujer. Recuerda lo que mencioné del marianismo, acerca de la creencia de que las mujeres podemos con todo. Esta ideas o creencias internalizadas hacen que la mamá perpetúe la idea de que no es «suficiente» si no lo puede hacer «todo» y, lamentablemente, quien recibe las consecuencias del resentimiento, el coraje y la frustración son sus pequeños. La falta de habilidades para cuidar, la falta de apoyo de la familia o amigos, problemas económicos, enfermedades, discapacidades o la personalidad única del bebé, entre otros factores, hacen que la maternidad sea difícil e impactan en la creación de un vínculo cercano con el bebé.[5]

---

[5] Romero Gómez, A. A. y Jaén Rincón, P. (2010). «El fortalecimiento del vínculo materno-filial como medida frente al maltrato infantil: Ejemplo de un programa de intervención basado en la experiencia de una maternidad positiva». *Papeles Salmantinos de Educación*, núm. 14, pp. 89-109.

En el caso de Morelia, los niveles de estrés en su vida eran extremadamente altos. El costo de vida en la ciudad donde residía era altísimo, y para personas sin documentos legales, las oportunidades laborales eran limitadas y la paga muy baja. Además, enfrentaba un trato injusto y, en muchas ocasiones, abusivo, ya que no podía denunciar estas situaciones por temor a exponer su estatus migratorio. Esto la obligaba a aceptar condiciones laborales difíciles y un ambiente de constante explotación.

Otro gran desafío en su vida era el cuidado de su hija, Priscila, quien enfrentaba condiciones médicas que complicaban aún más su crianza. Estas no solo afectaban su salud, sino también su rendimiento académico, lo que implicaba la necesidad de un mayor apoyo en la escuela y en casa. Criar a un hijo en estas circunstancias eleva significativamente el estrés diario de cualquier madre, y en el caso de Morelia, estas demandas se sumaban a una ya sobrecargada rutina.

Para empeorar las cosas, Morelia no contaba con una comunidad de apoyo. Esto la llevó a depender de personas cercanas, como el esposo de su prima, para ayudar con el cuidado de Priscila. Sin embargo, esta falta de red comunitaria hacía que el peso recayera completamente en ella, aumentando sus niveles de agotamiento físico y emocional, y complicando el vínculo afectivo entre Morelia y Priscila.

Este panorama resalta cómo los múltiples factores estructurales, sociales y personales pueden combinarse para crear una situación de estrés crónico, que afecta tanto a la madre como a su capacidad de cuidar y conectar con sus hijos.

Pausa reflexiva

Cuando pensemos en la relación con tu madre, comencemos por el embarazo. ¿El embarazo fue planeado? Y si no, ¿cuáles eran las condiciones en las que se embarazó la madre? ¿Recibieron apoyo durante el embarazo y luego en los primeros años de tu vida? ¿Experimentaron alguna enfermedad?, ¿pérdidas en su vida (muertes, pérdidas de trabajo y seguridad financiera...)? ¿Cuáles eran los factores socioeconómicos y políticos? ¿Traumas colectivos o naturales?

El caso de José y Aurora

José era un joven de 23 años que comenzó terapia psicológica conmigo después de haber tomado la difícil decisión de cortar temporalmente la relación con su madre, Aurora. En nuestras primeras sesiones, me contó que su infancia estuvo marcada por el control absoluto de Aurora, porque, al ser hijo único, lo mantenía bajo un nivel de supervisión extremo. Además, describió que constantemente su madre iniciaba discusiones con su padre, creando un ambiente tenso y poco estable en el hogar.

Según José, Aurora necesitaba ser el centro de atención en todo momento. Cuando ella estaba molesta o enfrentaba algún problema, esperaba que José asumiera el rol de tranquilizarla y satisfacer sus necesidades emocionales. Este patrón comenzó desde que José era pequeño y continuó durante su adolescencia, limitando su libertad y desarrollo personal. Aurora solía manipularlo emocionalmente, haciéndolo sentir culpable si no estaba disponible para ella. Por ejemplo, cada vez que José intentaba dedicarles tiempo a sus propias actividades o amistades, Aurora se quejaba de sentirse abandonada u olvidada.

Cuando llegó el momento de elegir una universidad, José soñaba con estudiar en una institución lejos de casa para ganar independencia y explorar nuevas oportunidades. Sin embargo, Aurora rompió en llanto, rogándole que no la dejara sola. Ante la presión emocional, José terminó eligiendo una universidad cercana a casa, sacrificando sus deseos por temor a las reacciones de su madre.

A sus 19 años, la situación se complicó aún más con el fallecimiento de su padre. Aurora comenzó a depender casi exclusivamente de José, viéndolo no solo como su hijo, sino como un remplazo emocional de su pareja. José asumió la carga de mantenerla económicamente mientras trabajaba de tiempo completo y estudiaba a tiempo parcial, y esto lo llevó a sentirse cada vez más agotado y atrapado.

A los 21 años, José conoció a Megan, con quien rápidamente desarrolló una conexión especial. Megan no tardó en notar la dinámica tóxica entre José y Aurora, y a los 22 años, le sugirió que se mudaran juntos para comenzar una vida independiente. Cuando José finalmente reunió el valor para contarle a Aurora sus planes, ella reaccionó de manera dramática: cayó en una aparente crisis nerviosa y tuvo que ser hospitalizada por hipertensión. Usó esta situación como una herramienta de manipulación, asegurándose de que José se sintiera responsable de su bienestar. José se paralizó por la culpa, y al no poder manejar la presión de ambas partes, Megan terminó la relación, señalándole que no podía competir con la influencia de su madre.

El golpe emocional de perder a Megan llevó a José a reflexionar sobre su situación. A los 23 años, decidió que necesitaba distanciarse de Aurora para recuperar el control sobre su propia vida. Sin previo aviso, se mudó de casa, organizando todo en silencio para evitar una confrontación directa. Cuando Aurora descubrió lo sucedido, fue hasta su trabajo llorando y rogándole que regresara al hogar, asegurándole que «nadie lo amaría como ella»

Este último evento fue el detonante para José, quien se dio cuenta de que estaba atrapado en un ciclo de dependencia emocional y manipulación. Aunque le prometió a Aurora que lo «pensaría», finalmente buscó ayuda profesional. En terapia, comenzamos a explorar los patrones narcisistas de Aurora y el impacto que estos habían tenido en la vida de José, ayudándolo a reconocer su necesidad de establecer límites saludables y priorizar su bienestar emocional.

NARCISISMO

El narcicismo se considera uno de los trastornos o desórdenes de la personalidad, según los psicólogos y psiquiatras, en el cual las personas tienen un aire irrazonable de superioridad, necesitan y demandan atención y admiración. El mundo gira alrededor de los narcisistas y de sus necesidades. Les cuesta considerar otros puntos de vista, incluyendo las emociones de los demás. Sin embargo, esto surge como si fuera una sobrecompensación de su baja confianza y fragilidad emocional.

Lo que menciono en esta sección no se basa en el trastorno mental por sí solo, sino en los rasgos del narcisismo. De cierta manera, todas las personas tenemos un grado de narcisismo, en el sentido de ser egoístas y no «ver» al otro. Lo que hace la diferencia es la madurez emocional y mental de poder postergar nuestras necesidades o deseos cuando es necesario. La persona con más rasgos narcisistas es la que se quedó estancada en la fase egocéntrica del desarrollo humano, alrededor de los 2 o 3 años. En Puerto Rico, conocemos esta etapa por el «eso es mío» y el no querer compartir. Si en esta fase, que es normal y forma parte de nuestro desarrollo, nuestros cuidadores no supieron reaccionar bien, es posible que nos quedemos ahí.

Características de una mamá con rasgos narcisistas

- Tiende a querer ser el centro de atención y admiración todo el tiempo, sin importar si estás pasando por un evento importante de tu vida en el que deberías ser tú el centro (tu matrimonio, tu cumpleaños, tu graduación de la escuela, entre otros).
- Exige que se le dé un trato especial en el hogar y en todos los lugares a los que vaya.
- Le gusta hablar de sus logros y hacer demostraciones para que los demás la vean.
- Quiere controlar lo que haces y con quién te relacionas, como si ella tuviera que autorizarlo.
- Critica y menosprecia a las personas, incluido tú.
- Espera favores especiales de ti y los demás.
- Usa tácticas de manipulación para lograr lo que quiere.
- No empatiza ni valida tus emociones o experiencias.
- Las conversaciones se tornan sobre ella.
- Se muestra arrogante.
- Le gusta aparentar con bienes materiales.
- Aunque esté equivocada, torna la situación culpando a los demás y no asume responsabilidad.
- Puede ser explosiva y corajuda cuando la críticas tú u otra persona.

La escritora Aura Medina de Wit, en su libro *Sanando la herida materna*, menciona diferentes características de hijas e hijos de familias narcisistas, entre las cuales están las siguientes:

- ◊ Asumen la responsabilidad por los sentimientos y conductas de los demás, incluida la de su madre.
- ◊ Se les hace difícil identificar y expresar sus emociones y sentimientos.
- ◊ Temen la respuesta de los otros cuando expresan sus emociones y sentimientos.
- ◊ Se les dificulta formar y mantener relaciones cercanas.
- ◊ Tienen miedo al rechazo, por lo que tienden a complacer a los demás y a poner las necesidades de los otros por encima de las suyas.
- ◊ Suelen tener expectativas muy altas e inalcanzables sobre sí mismos.
- ◊ Ignoran sus valores, creencias, emociones y sensaciones con la idea de ser lo que piensan que la otra persona necesita y quiere de ellos.
- ◊ Buscan ser necesitados por los otros para sentirse bien.
- ◊ Son muy leales, aunque la relación no sea saludable.
- ◊ Valoran las opiniones de los demás sobre ellos mismos.

En el caso de José y Aurora, ella mostraba numerosos rasgos narcisistas en su relación con José, reflejados en su constante necesidad de ser el centro de atención y su falta de empatía hacia las emociones y necesidades de su hijo. Exigía que él estuviera disponible emocionalmente para calmarla y atender sus problemas, dejando de lado su propio bienestar. Además, lo manipulaba mediante tácticas como la culpa y el dramatismo, especialmente cuando él intentaba tomar decisiones importantes para su vida, como mudarse o priorizar su relación con Megan. Este comportamiento no solo afectó la independencia de José, sino que también lo llevó a asumir responsabilidades emocionales y prácticas que no le correspondían, lo que perpetúa una dinámica tóxica y de sobrecarga emocional.

Pausa reflexiva

¿Cuáles resonaron contigo? ¿Creciste con una mamá con rasgos narcisistas? Si contestaste que sí, ¿cómo te ha afectado en tu vida?

Otros factores

1. **Condiciones psicológicas:** Trastornos como la ansiedad, la depresión posparto, la psicosis o enfermedades mentales pueden dificultar la conexión emocional entre la madre y su bebé, además de afectar su capacidad para manejar las demandas de la maternidad. Estos trastornos no solo impactan el bienestar de la madre, sino también el desarrollo emocional del bebé.

   En el caso de José y Aurora, ella no solo mostraba rasgos narcisistas, sino que también enfrentaba condiciones psicológicas como trastorno de personalidad dependiente, ansiedad generalizada y ansiedad social. Estas condiciones dificultaban aún más su capacidad para manejar las demandas de la maternidad y establecer una conexión emocional saludable con José. Su ansiedad y dependencia emocional intensificaban la dinámica de manipulación y control, mientras su dificultad para manejar el estrés contribuía a crear un ambiente poco estable que impactó significativamente el desarrollo emocional de José.

2. **El «susto» y el puerperio:** En algunas culturas, se cree que eventos estresantes, como accidentes o emociones intensas, pueden causar un «susto», en el que el alma parece abandonar el cuerpo. Durante el puerperio (las primeras 5 o 6 semanas tras el parto), este concepto cobra relevancia, ya que el parto en sí puede provocar una desconexión espiritual en la madre.

Para reconectar y recuperarse, algunas comunidades han desarrollado prácticas tradicionales que no solo benefician físicamente a la madre, sino que también fomentan su bienestar emocional, lo que a su vez fortalece el vínculo con su bebé. Las prácticas incluyen:

- Limitar las actividades físicas.
- Brindar apoyo de familiares y amistades para el cuidado del bebé y de la madre.
- Consumir alimentos cálidos, como sopas y caldos, para reponer los nutrientes perdidos durante el parto.

▷ Usar ropa abrigada y fajas que ayuden a la recuperación física.

3. **Baby blues y depresión posparto:** Después del parto, muchas madres experimentan cambios hormonales y emocionales. El *baby blues*, caracterizado por llanto, tristeza y ansiedad, afecta a muchas mujeres entre los días 2 y 14 posteriores al parto. Si estos síntomas persisten por más de dos semanas, se considera depresión posparto, que afecta aproximadamente al 15% de las madres en Estados Unidos. En casos más graves, puede evolucionar hacia la psicosis posparto, una condición rara pero peligrosa que requiere atención inmediata.

Mi posparto marcó el inicio de mi interés por sanar mi linaje y mi herida materna. Después de dar a luz a mi hijo en casa, por parto natural, enfrenté complicaciones: un sangrado fuerte que derivó en anemia, seguido de una mastitis (infección en los ductos mamarios). Me sentía «ida», desconectada de mi cuerpo y mi entorno, lo cual ahora interpreto como si mi alma no estuviera completamente presente tras el susto del parto.

Como puertorriqueña, mi familia ya había perdido muchas de las tradiciones relacionadas con la cuarentena y los cuidados especiales del posparto. Aunque mi tía, mi mamá y mi suegra me apoyaron en las primeras semanas, pasaba la mayoría del tiempo en cama, cada vez más alejada de mi realidad y desconectada de mi hijo recién nacido. Lo amamantaba de manera automática, sin conexión emocional.

A las tres semanas del posparto, mi papá insistió en llevarme a un grupo de apoyo para mamás con bebés recién nacidos. Esa reunión fue un bálsamo para mi alma. Ver a tantas madres en situaciones similares me devolvió un sentido de pertenencia, y notar que mi hijo era igual o incluso más tranquilo que otros bebés me despertó de un letargo emocional. Sentí que comenzaba a regresar a mí misma.

Poco a poco, recuperé mi energía y a las cinco semanas me uní a otro grupo de apoyo, donde permanecí activa durante casi dos años. Hasta el día de hoy, mantengo contacto con algunas de esas madres. Estoy convencida de que, de no haber asistido a ese primer grupo, habría caído en una depresión posparto profunda. Esos grupos se convirtieron en la comunidad que necesitaba, una versión moderna de las redes de apoyo que en otros tiempos solían existir en los pueblos pequeños y que, con la modernidad, hemos ido perdiendo.

4. **Enfermedades, accidentes y lesiones:** Otro factor importante son las enfermedades, accidentes o lesiones que obligan a los hijos a cuidar de su madre. Como suele decirse en Puerto Rico, «la ley de vida» dicta que una madre cuide a sus hijos, pero ¿qué sucede cuando la situación se invierte? Este cambio de roles puede ser un gran desafío emocional. En casos de enfermedades como la demencia o lesiones cerebrales (especialmente en las áreas frontales), las madres pueden experimentar cambios drásticos en su conducta y personalidad. Una madre antes amorosa puede volverse irritable o

incluso verbalmente abusiva. Estas experiencias crean un vacío emocional profundo en los hijos, sin importar su edad.

¿Qué apoyo recibió tu mamá? ¿Tuvo condiciones médicas o psicológicas? ¿Cómo cambia esto la manera en que ves a tu mamá?

LAS PERSONAS HERIDAS PUEDEN HERIR A OTRAS PERSONAS

En el diagrama anterior, se representa la transmisión de las heridas emocionales de generación en generación. Retomé la frase en inglés «*Hurt people hurt people*» (las personas heridas hieren), pero haciendo la distinción de que *pueden*, porque no necesariamente lo *hacen*. No cuando se toma conciencia y se transforman las heridas.

En el caso de José y Aurora, ella creció en un entorno patriarcal que desvalorizaba a la mujer. Aurora se crio en El Salvador durante los tiempos de la guerra civil en los años 80, en un hogar donde el machismo era rampante y moldeaba los roles dentro de la familia. Su madre le modeló el marianismo, inculcándole altas expectativas de sí misma y hacia los demás. Sin embargo, debido a los traumas que vivió tanto en su hogar como en su país, Aurora desarrolló una personalidad dependiente, lo que impactó profundamente la dinámica con su hijo.

Esta dependencia emocional generó que Aurora formara un vínculo ansioso con José, basando gran parte de su estabilidad emocional en él. La pérdida de cinco embarazos antes de tener a José intensificó esta dinámica, pues él se convirtió en su único hijo, y, bajo las influencias del patriarcado y el machismo internalizado, lo crio como si fuera su salvador. La relación con su esposo, marcada por la ausencia emocional y el abuso del alcohol, dejó un vacío en Aurora que ella compensó aferrándose a José. Esto creó en él una herida materna profunda, donde se sintió responsable del bienestar de su madre, asumiendo un rol que no le correspondía y que terminó afectando su desarrollo emocional y sus relaciones personales.

En mi formación sobre constelaciones familiares, aprendí que muchas veces quienes lastiman a otros también han sido lastimados. Son víctimas que, al tener poder, infligen dolor en los demás. La herida materna viene de madres que han sido heridas y sus heridas ahora están infligiendo dolor y sufrimiento en otros de manera consciente e inconsciente.

Retomemos el capítulo 1. Cuando nuestro cuerpo experimenta situaciones traumáticas, tiende a tener dos grandes reacciones de sobrevivencia: movilizarse o inmovilizarse ante la amenaza o el ataque. Cuando tenemos experiencias en que nos paralizamos, generalmente se estancan en nuestro cuerpo, y buscamos maneras de lidiar con ellas. Algunas veces estas maneras son impulsadas por el coraje o la ira que nos nubla, nos hace hacer algo (movilizarnos) y sentir un «alivio» (aunque temporal) de ese dolor no procesado. Muchas mamás se desquitan con sus hijos porque los consideran inferiores a ellas. Muchas lo hacen de forma inconsciente, y hasta creyendo que están «enseñándoles» correctamente cómo funciona la vida para que no sufran o que se puedan adaptar a la sociedad.

Es importante recordar el dicho de que una persona no puede dar lo que no recibió... Si la madre no recibió de su figura materna amor incondicional, cuidado, presencia, etc., será muy difícil que lo pueda brindar. Al escribir esto, pienso en todas las historias de pacientes inmigrantes con los que he trabajado, cuyas mamás fueron huérfanas o perdieron a su madre a edad temprana, emigraron a Estados Unidos y se vieron en la necesidad de tener dos o tres empleos para sostener a sus familias. Estos pacientes usualmente vivieron con unas madres gritonas, mandonas, criticonas, serias, presentes, pero inexpresivas y constantemente insatisfechas con ellos. En esta dinámica hay mucho dolor.

Estas madres, muchas veces atrapadas en el estado de sobrevivencia, hicieron lo mejor que pudieron con los recursos que tenían. Su enfoque estuvo en cubrir las necesidades básicas, y puede que no hayan expresado el afecto que sus hijos necesitaban. Esto no significa que no los amaran, sino que no contaban con las herramientas emocionales para demostrarlo.

Nuestras heridas, y las que cargamos, nos marcan de manera muy profunda. Nos impactan en cómo vemos el mundo, a los otros y a nosotros mismos. Incluso, influyen en las diferentes etapas de desarrollo y gran parte de las veces dejan su marca ahí, desde esa «edad». Por ejemplo, si sufrimos una herida de abandono a los 6 años, cuando esta se expresa, tiene la esencia de esa edad, una en la que mayormente vemos las cosas de forma literal y tendemos a pensar que pasan por culpa de nosotros; se nos dificulta expresar y entender tanto nuestras emociones como los factores que contribuyeron al abandono, y todavía dependemos mucho de nuestros cuidadores. Por eso, la expresión «son niñas criando niños» es aplicable en algunos casos.

Otro factor importante es que criar niños es como tener un espejo amplificador de todas nuestras heridas, inseguridades y traumas. Nuestros hijos e hijas pueden convertirse en el mayor detonante de recuerdos de experiencias traumáticas, ya sea lo que nos pasó o lo que no nos pasó. Me explico: una mamá tuvo que trabajar cuando era niña para ayudar a proveer financieramente su hogar, aunque lo que quería era ir a la escuela; ahora que sus hijos se quejan de ir a la escuela y, según ella, «no aprovechan la oportunidad», pueden «detonarse» en ella todas

¿Qué es la herida materna?

las sensaciones y heridas de no haber podido estudiar. Por otro lado, una mamá que pasó por acoso escolar cuando estaba en la escuela y tiene una hija que le cuenta que una niña se burló de ella puede detonar sus propias heridas. Y así sucesivamente.

Estas son las maneras más comunes en que las heridas se reflejan en el presente:

1. **Mamá ausente emocionalmente.** Estas madres no han podido manejar bien sus emociones y las evitan. Son aquellas que, aunque están presentes en la vida de sus hijos, no muestran emociones; cuando sus hijos expresan las suyas, los ignoran o buscan interrumpirlos.
2. **Mamá ausente físicamente.** Son las madres que evitan estar presentes en la vida de sus hijos.
3. **Mamá criticona y exigente.** Son las madres que tienen muy altas exigencias con sus hijos y tienden a usar lenguaje juicioso, señalan todos los errores que perciben y los comparan con otras personas.
4. **Mamá sobreprotectora.** Esta es la que tiene miedo de que su hijo cometa errores o le pase algo malo, por lo que constantemente busca cómo evitarlo y en general no le permite hacer muchas tareas. Algunas, incluso, les expresan todos sus miedos y los peligros que perciben.
5. **Mamá perfecta.** Tratan de ser las mejores madres, teniendo hogares impecables, siendo las más presentes y cooperadoras en la escuela, las mejor vestidas, etc.

Proyectan esa imagen de perfección que solo enmascara su sentido de no ser suficiente.

6. **Mamá agresiva y violenta.** Estas madres usan castigos físicos y son verbalmente agresivas, irritables y violentas.
7. **Mamá que se cree la mejor amiga.** Son las madres que buscan ser muy cercanas a sus hijos, por lo que les confían todo, aunque algo sea inapropiado. Muchas veces les proyectan sus problemas e inseguridades, y hasta les piden consejos y que tomen decisiones por ella.
8. **Mamá que cumple sus sueños a través de sus hijos.** Esperan que sus hijos hagan todo lo que ellas no pudieron.
9. **Mamá competitiva con sus hijos.** Madres celosas de sus hijos y de las oportunidades que estos tienen y que ella no. Buscan competir con ellos en otras áreas para sentirse superiores o mejores.
10. **Mamá narcisista.** Madres que buscan que todo gire en torno a ellas, y que buscan crear un ambiente en el que sean vistas y tratadas como las más importantes.

Pausa reflexiva

¿Qué heridas carga tu mamá?
¿Cuáles cargas tú? ¿Cómo lidias con ellas?

ARQUETIPOS QUE INFLUYEN EN LA MADRE

Los arquetipos, según Caroline Myss, son patrones universales de energía que representan conceptos fundamentales en la psique humana. En su libro *El contrato sagrado,* Myss menciona que estos arquetipos influyen en nuestra vida, relaciones y desafíos. A continuación, se describen cuatro arquetipos de sobrevivencia relevantes en la herida materna.

El niño

Representa la parte inocente y curiosa de nuestra psique. Este arquetipo condiciona nuestra percepción de la seguridad, la responsabilidad y la familia. Las madres que no pudieron sanar heridas de su infancia, como abandono, sobreprotección o falta de seguridad pueden reproducir alguno de estos patrones:

- *Fueron abandonadas o huérfanas:* Dificultades para crear vínculos cercanos o, por el contrario, relaciones codependientes.
- *No tuvieron niñez:* Buscan vivir su infancia perdida a través de sus hijos.
- *No fueron protegidas:* Se vuelven sobreprotectoras o permisivas.
- *No se independizaron:* Mantienen relaciones de dependencia emocional con sus hijos.

Sanar este arquetipo implica cultivar autonomía y responsabilidad, equilibrando dependencia e independencia.

La víctima

Este arquetipo refleja una sensación de impotencia ante circunstancias externas. Muchas madres han sido victimizadas por sistemas patriarcales, violencia doméstica, abuso sexual o pobreza, lo que afecta su capacidad para conectar y criar con seguridad emocional. Estas experiencias a menudo resultan en coraje, miedos proyectados o dificultad para estar presentes. Los hijos de quienes encarnan este arquetipo pueden crecer sintiendo que son el problema o que deben ser responsables de las emociones de sus madres.

Sanar este arquetipo implica asumir responsabilidad, buscar ayuda y romper patrones de victimización.

La prostituta

Simboliza la lucha por la autoestima y la validación externa. Este arquetipo se manifiesta en madres que buscan aprobación a través de bienes materiales, estatus familiar o validación constante de sus hijos. Esto puede generar dinámicas en las que los hijos sienten que deben sacrificar sus necesidades para satisfacer las de sus madres.

Sanar este arquetipo implica reconocer la propia valía intrínseca y establecer límites saludables.

El saboteador

Representa el autosabotaje y la duda. Madres con este arquetipo pueden:

- ◊ Criticarse constantemente.
- ◊ Dudar de sus capacidades.
- ◊ Procrastinar o no luchar por lo que quieren.
- ◊ Proyectar inseguridades en sus hijos.

Superar este arquetipo requiere trabajo en la autoaceptación y confianza.

En el caso de Aurora y José, la madre encarna principalmente el arquetipo de la víctima, lo cual influyó profundamente en la dinámica con su hijo. Habiendo crecido en un contexto patriarcal y violento durante la guerra civil en El Salvador, Aurora internalizó un sentimiento de impotencia y dependencia emocional. Esto, combinado con los traumas de su infancia y juventud, la llevó a buscar en José la seguridad y conexión emocional que no encontró en su pareja ni en su entorno. Su necesidad constante de apoyo la llevó a proyectar en su hijo la responsabilidad de su bienestar, creando una relación codependiente donde él asumió un rol de protector y salvador. Este patrón, característico de la víctima, perpetuó un ciclo en el que Aurora demandaba atención y cuidado, mientras José sacrificaba sus propias necesidades y su desarrollo personal. Este vínculo dejó en José una herida profunda, marcando su percepción de las relaciones y su rol en ellas, hasta que finalmente decidió buscar ayuda para romper con estos patrones.

> **Pausa de atención plena**
>
> Asiente a tu cuerpo y nota cualquier sensación de pesadez, tensión o dolor, nudos, vibraciones o temblores, y la temperatura de tu cuerpo. Presta atención a tus pies y presiónalos firmes contra el piso. Toma tres respiraciones profundas con exhalaciones más largas. Pon tus manos en tu pecho y di en voz alta tu nombre, el día de hoy y dónde estás. Luego reflexiona sobre la siguiente pregunta: ¿Cuáles de estos cuatro arquetipos de sobrevivencia se parecen más a tu mamá? ¿Con cuál te relacionas tú?

ARQUETIPO DE LA DIVINA MADRE

Según Caroline Myss, el arquetipo de la divina madre es una representación simbólica de la energía materna en un contexto espiritual y cósmico. Este arquetipo incluye las siguientes características:

1. *Creadora de la vida:* La divina madre es vista como la fuerza creadora que da vida a todas las cosas en el cosmos, desde estrellas y planetas hasta la humanidad.

2. *Protectora y nutridora:* La divina madre sostiene y cuida la vida.
3. *Conexión con lo sagrado:* Está vinculada con lo sagrado y con la esencia espiritual de la maternidad, representando una conexión profunda con la fuente de la existencia.
4. *Transformación y sanación:* Al alinearse con el arquetipo de la divina madre, se puede acceder a poderosas energías de transformación y sanación, tanto a nivel físico como emocional y espiritual.
5. *Amor incondicional:* La divina madre encarna el concepto de «amor incondicional», representando un amor que trasciende las limitaciones humanas y abarca a toda la creación.

Veo este arquetipo como una hermosa conexión entre la maternidad y el divino femenino, una representación de lo que muchas personas anhelamos recibir y también aspiramos encarnar en nuestras relaciones. El arquetipo de la divina madre nos recuerda que la energía materna no está limitada únicamente a la experiencia humana, sino que trasciende hacia lo espiritual, convirtiéndose en un espacio universal de protección, amor y sanación. Reconocerlo nos invita a reflexionar sobre cómo nuestras experiencias con nuestras madres humanas se alinean o se distancian de esta visión ideal. ¿Qué tanto de esa protección, nutrición emocional y amor incondicional sentimos en nuestra crianza? Y, más importante, ¿cómo nuestras carencias en la relación con nuestra madre han moldeado nuestra manera de relacionarnos con nosotros mismos y con los demás?

En este punto, te invito a reflexionar: ¿Qué tanto se parece este arquetipo a lo que viviste con tu madre? ¿Qué tan protegido o nutrido te sentiste emocionalmente? ¿Recibiste amor incondicional o sentiste que debías ganártelo? ¿Y cómo todo aquello que no recibiste te ha afectado hasta hoy? Estas preguntas no buscan juzgar, sino abrir espacio a la introspección y la sanación. En el próximo capítulo, exploraremos más a fondo el divino femenino y cómo tanto hombres como mujeres podemos conectarnos con este arquetipo para transformar las heridas que cargamos, no solo como hijos o hijas, sino también en nuestras relaciones con quienes nos rodean.

CAPÍTULO 4
Energía femenina y masculina

Somos medicina, mujeres, medicina,
cantando y danzando, despertando en esta vida.
Crecemos siendo niñas, sabias abuelitas,
mujeres, creadoras, poderosas, sanadoras.
Corre nuestra sangre, entrando en la madre,
nutriendo las raíces floreciendo en nuestro arte.
Benditos úteros portales de la vida,
sanen el linaje y la historia ya vivida.
Divina madre creadora abre el corazón,
enseña el servicio del amor y compasión.
Que el sagrado femenino guíe nuestro camino
con confianza y entrega hacia nuestro destino.
Reconociendo a mis hermanas, compartiendo la misión,
elevando nuestras fuerzas y honrando quien soy.
Somos medicina, sagrada medicina,
cantando y danzando, despertando en esta vida.

LÍRICA DE LA CANCIÓN «SAGRADO FEMENINO» DE LOLI CÓSMICA

◄◊▷•◄ Invitación ceremonial ◊▷•▷▷▷

Te invito a que te tomes un té, chocolate caliente o la bebida de tu preferencia. De igual forma, antes de comenzar a leer este capítulo, te invito a traer a tu mente las palabras ser y hacer, y cuál valoras más en tu vida —el simple hecho de ser o lo que haces—. Toma varias respiraciones profundas, en las que sientes que el aire te llega al estómago. Luego te invito a que te traigas a tu mente el símbolo de infinito (imagen de abajo) y que hagas 8 respiraciones trazando el 8 o símbolo de infinito en tu cuerpo, cruzando por el corazón; las inhalaciones hacia la parte superior del corazón, y las exhalaciones hacia la parte inferior.

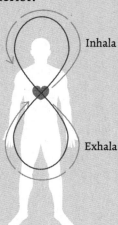

El jueves 19 de marzo de 2020, a las 4:00 pm, leí un correo electrónico en el que me informaban la cancelación de la cirugía de amígdalas de mi hijo, programada para el día siguiente a las 7:00 am. El director médico del estado de California había emitido una orden que cancelaba todas las cirugías no urgentes debido a la pandemia del covid-19. Nunca olvidaré ese momento ni cómo marcó un antes y un después en mi vida. Fue un verdadero despertar, una realidad que me enfrentó a mis nuevos roles y retos como mamá de dos.

En ese entonces, tenía ocho meses de embarazo, y mi otro hijo experimentaba episodios nocturnos en los que dejaba de respirar momentáneamente, y cuando recuperaba el aire, este venía acompañado de una tos desesperante. Sabía que no podía ignorar esa situación; pero, al mismo tiempo, llevarlo a otro lugar para operarlo ponía en riesgo mi salud y la de mi bebé en gestación. Al final, encontramos un centro privado en el que realizaron la operación y, gracias a Dios, todo salió bien. Sin embargo, ese evento marcó el inicio de una etapa llena de incertidumbre y cambios.

Con las escuelas cerradas, perdimos el acceso al cuidado infantil para nuestro hijo. Mi esposo comenzó a trabajar desde casa, y yo también. Los planes de contar con ayuda durante el parto y el postparto de mi hija, especialmente de mi familia, también se desmoronaron. Mi mamá, quien estaba en tratamiento por un cáncer de pulmón tras una cirugía complicada, no podía viajar para apoyarme. Recordando mi experiencia de postparto con mi primer hijo, sabía lo importante que era el apoyo; pero, en un instante, todos mis planes y deseos se desvanecieron.

Semanas después, en una cita con mis parteras, me informaron que tenía los niveles de hierro extremadamente bajos. Si no los mejoraba antes de la semana 36, no podría tener el parto en casa como deseaba. En ese contexto, escuchaba historias de mujeres dando a luz en hospitales con mascarillas KN95, sin sus parejas ni apoyo adicional, enfrentando el riesgo de contraer el virus. Esto me impulsó a tomar acción. Cambié mi alimentación, comencé a tomar suplementos y enfoqué mi mente para lograr el parto que soñaba.

A pesar de mis esfuerzos, mi lado más vulnerable estaba presente, lleno de miedos y preguntas como «¿Quién estará para mí?». Ignoré esas emociones, convenciéndome de que lo único que necesitaba era disciplina y control. Sin tener una doula, tomé cursos como «*Spinning babies*» para preparar la posición de mi bebé y visité a una quiropráctica regularmente. El día del parto, con música de mujeres empoderadas, como «Who Run The World (Girls)» de Beyoncé, me sentí fuerte y lista para enfrentar el desafío.

Sin embargo, todo cambió cuando entré a la piscina de parto. El miedo se apoderó de mí, y mi fortaleza parecía desmoronarse. Deseaba que alguien me salvara, mientras las contracciones llegaban sin descanso. Aunque sentía mucho miedo, no quise expresar mi ansiedad por temor a que me llevaran al hospital. En medio de esa tormenta interna, mi hija decidió que era momento de nacer. En un solo pujo, llegó al mundo, sana y fuerte. Afortunadamente, esta vez no tuve complicaciones graves y pude manejar los retos de la lactancia con ayuda profesional.

Al reflexionar sobre ese periodo, me doy cuenta de cómo la pandemia despertó en mí una energía masculina basada en el control, la estructura y la disciplina para lograr mis objetivos. Pero lo hice de una manera desequilibrada, suprimiendo mis emociones de tristeza y frustración. Entrar a la piscina representó un momento de rendición total, un acto profundamente conectado con la energía femenina. En ese instante, mi deseo de control fue desafiado por la incertidumbre y la vulnerabilidad, mostrándome que tanto el parto como la maternidad requieren entrega, confianza y flexibilidad.

Crecí en un mundo patriarcal donde las emociones y la vulnerabilidad eran vistas como debilidades. Internamente, había aprendido a valorarme solo a través de características masculinas, ignorando mi lado más emocional. Pero la llegada de mi hija y las lecciones de ese parto me enseñaron que la verdadera fortaleza radica en abrazar ambas energías: la masculina y la femenina, el control y la rendición, la estructura y la vulnerabilidad.

¿QUÉ SON LAS ENERGÍAS FEMENINAS Y MASCULINAS?

Los conceptos de «energía femenina» y «masculina» tienen sus raíces en diversas tradiciones culturales y filosóficas que exploran las polaridades y su complementariedad. En la filosofía taoísta, encontramos la noción del yin (femenino) y el yang (masculino), mientras que en la espiritualidad hindú se personifican como Shakti (femenino) y Shiva (masculino). En la filosofía griega antigua, estas ideas se representan como logos (masculino) y eros (femenino). También están presentes en las tradiciones indígenas y en la psicología junguiana a través de los arquetipos anima y animus. Es importante reconocer que estas interpretaciones varían según la cultura y que, independientemente del género con el que nos identifiquemos, todas las personas poseemos ambas energías en nuestro interior.

La energía masculina suele asociarse con la acción, la protección y la fuerza externa, mientras que la energía femenina está vinculada a los ciclos naturales, la creatividad, la intuición y la vulnerabilidad. Sin embargo, es importante recordar que la energía femenina también es de una fuerza inmensa, pero de una naturaleza diferente. Es una fuerza que nace desde las entrañas, desde el centro más profundo de nuestro ser, conectada a la intuición, a nuestra sabiduría interna y al flujo natural de la vida. Es esa fuerza que nos permite sostener, crear, nutrir y rendirnos con confianza a lo desconocido, confiando en que la vida misma nos guía.

Energía femenina y masculina

Energía masculina

- Protección
- Hacer
- Lógica
- Razón
- Estructura
- Consistencia
- Acción
- Valentía
- Individualidad

Energía femenina

- Vulnerabilidad
- Ser
- Intuición
- Conexión con las emociones
- Fluidez
- Variabilidad
- Ciclicidad
- Empatía
- Colaboración

Pausa de atención plena

Nota las sensaciones, emociones y pensamientos que visitan tu mente al escuchar cada una de las características en el diagrama. ¿Con cuáles se sintió tu cuerpo más constreñido o tenso? ¿Con cuáles se sintió más suelto o relajado?

En los recuadros anteriores, se presentan las cualidades más comunes asociadas con las energías femeninas y masculinas. Cuando estas energías no están en armonía, pueden generar desequilibrios que nos afectan psicológica, espiritual y emocionalmente, así como en nuestras relaciones, empleos e incluso a nivel social. A lo largo de este capítulo, profundizaremos en las posibles consecuencias de estos desequilibrios.

Algo que me transformó fue comprender que ambas energías están destinadas a estar al servicio del amor. Cuando esto no sucede, pueden volverse tóxicas o desequilibradas. Por ejemplo, para alcanzar metas en nuestra vida, necesitamos la energía masculina para proveernos de organización, consistencia, enfoque, fuerza y lógica. Sin embargo, si no damos espacio a la energía femenina —al descanso, a la ciclicidad, a la intuición y a la colaboración—, podemos lograr nuestros objetivos, pero a menudo a costa de nuestra salud, bienestar y relaciones. Al estar mayormente operando en una de ellas, surgen problemas en nuestra vida; por ejemplo, nos enfermamos, no tomamos decisiones para nuestro bien, nos sentimos desconectados de nuestra intuición o tenemos arranques de ira.

Por el contrario, si aprendemos a crear estructuras que respeten nuestras necesidades de descanso, que integren ciclos naturales y que aprovechen los momentos de mayor energía para actuar con fuerza y enfoque, podemos alcanzar nuestras metas de una manera más equilibrada. Aunque el proceso pueda tomar más tiempo, el resultado será más sostenible y respetuoso con nuestra salud y nuestras relaciones. La clave es usar ambas energías como herramientas al servicio del amor, tanto hacia nosotros mismos como hacia los demás.

Aunque todas las personas poseen estas energías, nuestras sociedades tienden a asociar la energía masculina con los hombres y la femenina con las mujeres. Ahora te invito a reflexionar: ¿Cuál es la energía que suele considerarse superior en nuestra cultura moderna? Probablemente hayas respondido que la masculina, y es cierto. Esto se debe al patriarcado, un sistema que ha dado supremacía a lo masculino y que ha causado mucho dolor, especialmente en las mujeres y las madres, del que ya hemos hablado.

Muchas mujeres y madres han internalizado esta narrativa patriarcal desde un lugar de victimización y desesperanza, creyendo que siempre ha sido así. Pero quiero decirte algo importante: el patriarcado no siempre ha existido. Antes de él, hubo sistemas más matriarcales que valoraban la colaboración y el equilibrio entre ambas energías. De hecho, muchas comunidades indígenas y pueblos que no han sido colonizados o conquistados continúan practicando formas de vida más matriarcales. Acompáñame a explorar esta parte de la historia con mayor profundidad.

AL PRINCIPIO, TODOS FUIMOS CREADOS COMO FÉMINAS

Las autoras Monica Sjöö y Barbara Mor en su libro *The Great Cosmic Mother: Rediscovering the Religion of the Earth* (La Gran Madre

Cósmica: redescubriendo la religión de la Tierra) mencionan que, por 2.5 billones de años, lo que existía era un mar «femenino» en donde todas las formas de vida flotaban en el «entorno similar al útero» del océano planetario, alimentadas y resguardadas por sustancias químicas fluidas, meciéndose al compás de los ritmos lunares y de las mareas. Según las autoras, Charles Darwin, el autor de la teoría de la evolución, creía que el ciclo menstrual humano tiene su origen en ese mar primordial, reflejando el pulso lunar de las mareas. Durante ese tiempo, predominaba una existencia femenina generalizada, donde la vida se autorreproducía en el agua.

No fue sino hasta hace aproximadamente 200 millones de años, en la era de los reptiles, que apareció el primer pene. Nuestra asociación arquetípica del falo con la serpiente parece ser un eco de esta memoria celular ancestral. Las autoras también exploran la partenogénesis, un proceso reproductivo en el que los organismos se desarrollan a partir de un óvulo no fertilizado, sin la intervención de un espermatozoide. Aunque este fenómeno es más común en ciertos insectos, crustáceos y reptiles, y es muy raro en mamíferos, se ha documentado en experimentos de laboratorio.

Ellas subrayan que, al hablar de los dos sexos (masculino y femenino), el femenino ha existido por mucho más tiempo. Esto se confirma con estudios que muestran que todos los embriones de mamíferos son anatómicamente femeninos durante las primeras etapas de desarrollo. Alrededor de la semana ocho de embarazo, las gónadas comienzan a desarrollarse en testículos, y la secreción de andrógenos inicia la formación de genitales masculinos. En ausencia de andrógenos, se desarrollan los genitales femeninos. Esto también implica que tanto el clítoris como el pene se originan a partir del mismo tejido.

Otro punto interesante que mencionan las autoras es la vulnerabilidad del sexo masculino. Desde el principio, las secreciones vaginales tienden a ser más hostiles hacia los espermatozoides portadores del cromosoma Y. Además, las tasas de mortalidad de neonatos e infantes varones son mayores que las de las niñas. A nivel mundial, nacen más hombres que mujeres (aproximadamente 105 hombres por cada 100 mujeres),[1] pero las mujeres suelen vivir alrededor de siete años más que los hombres.[2]

Pausa reflexiva

Al leer lo anterior, ¿cómo te sientes al saber que el sexo femenino ha existido por mucho más tiempo que el masculino? ¿De qué manera esta perspectiva podría cambiar tus pensamientos sobre el sexo femenino y su importancia en la historia de la vida?

---

[1] Ritchie, H. y Roser, M. (2019). «Gender Ratio. How does the number of men and women differ between countries? And why?». *Our World in Data*. Disponible en <www.ourworldindata.org/gender-ratio>.

[2] Shmerling, R. H. (22 de junio de 2020). «Why men often die earlier than women». *Harvard Health Blog*. Disponible en <www.health.harvard.edu/blog/why-men-often-die-earlier-than-women-201602199137>.

SOCIEDADES MATRIARCALES

Las sociedades matriarcales representan algo completamente distinto a las proyecciones amenazantes que suelen asociarse con la idea de que las mujeres estén al mando. Según Monica Sjöö y Barbara Mor, estas comunidades se caracterizan por otorgarles a las mujeres pleno derecho sobre su cuerpo, sus hijos y sus propiedades. Las mujeres participaban activamente en roles clave dentro de la toma de decisiones de la comunidad. Estas sociedades funcionaban bajo un sistema de intercambio de bienes y servicios, basado en la cooperación y el complemento entre mujeres y hombres, en lugar de la competencia o la acumulación desigual de riqueza.

En el contexto de la comunidad latina, la mujer a menudo sigue siendo vista como un pilar fundamental dentro de la familia, asumiendo un papel central en las decisiones familiares. Sin embargo, este «poder» muchas veces es simbólico, ya que en los niveles político, legislativo y económico los hombres suelen tener mayores privilegios y beneficios. Además, la figura de la «matriarca» latina se asocia frecuentemente con una mujer sacrificada, amargada y sobrecargada de responsabilidades. En contraste, las sociedades matriarcales descritas por Sjöö y Mor promueven un modelo en el que las mujeres se sienten empoderadas y donde las leyes y los sistemas reconocen y valoran su importancia en la sociedad. Este cambio en las estructuras ya marca una gran diferencia.

Energía femenina y masculina **151**

Existen evidencias de sociedades avanzadas que eran matrifocales —orientadas y dirigidas por mujeres—. Ejemplos de estas sociedades incluyen los cretenses, los egipcios, los grupos étnicos Dahomey y Ashanti de África Occidental, los etruscos, la comunidad Naya de Kerala en el sur de India, y muchas de las comunidades indígenas norteamericanas. Además, estudios científicos sugieren que las primeras comunidades africanas eran matriarcales y que estas tuvieron una influencia significativa en otras culturas alrededor del mundo. Estas comunidades eran navegadoras, comerciantes y pobladoras; llevaban sus creencias y culturas a civilizaciones antiguas como los celtas, los mayas y los pueblos del Mediterráneo. A nivel espiritual, estas

La imagen de la izquierda es la diosa Maat, que representa el Divino Femenino en Egipto. La de la derecha es la Venus de Willendorf (villa en Austria) (c. a. 25000-20000 a. n. e. en la época paleolítica).

sociedades veneraban a diosas y honraban los poderes de la creación femenina.

> **Pausa reflexiva**
>
> ¿Cómo habría sido diferente para tu mamá y para ti crecer en una sociedad matriarcal? ¿Qué impacto habría tenido en la relación que tienes con tu madre o en cómo percibes los roles de las mujeres?

LA INFORMACIÓN QUE SE OCULTÓ Y LA HISTORIA DE ÉL

Un dato curioso e importante que mencionan Monica Sjöö y Barbara Mor en su libro *The Great Cosmic Mother: Rediscovering the Religion of the Earth* es que la información sobre cómo los embriones de mamíferos son anatómicamente femeninos durante la fase temprana del desarrollo (conocida como la «teoría del inductor» en biología) fue descubierta en 1951 por médicos y científicos hombres. Sin embargo, esta información se ocultó hasta 1961, cuando la doctora Mary Jane Sherfey la encontró en el curso de su investigación. Este es solo uno de los innumerables ejemplos de cómo se ha suprimido información que destaca el «poder» femenino a lo largo de la historia.

Este patrón de ocultamiento no se limita a la biología. A lo largo de los siglos, la historia ha sido contada desde una perspectiva predominantemente masculina, centrada en los logros de los hombres y relegando a las mujeres a roles secundarios o complementarios. Las mujeres han sido presentadas como las madres que los criaban, las esposas que los acompañaban, las cuidadoras que los nutrían y las procreadoras que les aseguraban descendencia. Sin embargo, estas narrativas omiten el hecho de que las mujeres han sido agentes clave en el desarrollo de la humanidad desde sus inicios.

Según Sjöö y Mor, hay evidencias históricas que demuestran que las mujeres...

- ◇ contribuyeron activamente en la caza y recolección de alimentos;
- ◇ fueron las primeras en domesticar el fuego;
- ◇ desarrollaron técnicas de alfarería, tejido, tintura textil y curtido de pieles;
- ◇ actuaron como las primeras doctoras mediante el estudio y uso de hierbas y plantas medicinales;
- ◇ se especula que fueron responsables del origen del lenguaje, gracias a la interacción madre-infante;
- ◇ crearon los primeros calendarios basados en la observación de los ciclos lunares; y
- ◇ fueron veneradas como diosas en eras paleolíticas, tal como lo demuestran pinturas, grabados y esculturas.

Este ocultamiento de la contribución femenina a la historia no es casual; ha sido parte de un sistema que minimiza el papel de las mujeres, perpetuando la idea de que su importancia reside únicamente en su capacidad de acompañar, cuidar o complementar a los hombres. Este tipo de narrativas ha dejado un impacto profundo en la percepción de las mujeres sobre su propio valor y posibilidades.

Recuerdo que Historia era una de mis materias favoritas en la escuela. Me fascinaba aprender sobre el mundo, las culturas y las sociedades. Al reflexionar, no obstante, me doy cuenta de que la mayoría de lo que aprendí estaba centrado en los logros de hombres en la ciencia, la política y el avance de la humanidad. Las mujeres, en cambio, eran mencionadas como acompañantes, mártires o revolucionarias excepcionales. Desde niña, esto dejó una huella en mi psique: me preguntaba si alguna vez podría ser lo suficientemente relevante como para ser recordada, y sentía que la única forma de lograrlo era emulando características tradicionalmente masculinas o sacrificándome como mártir.

Pausa reflexiva

¿Qué piensas de que toda la información sobre las mujeres ha sido ocultada? ¿Cómo crees que esto ha impactado al dolor que sienten las mujeres?, ¿al dolor que tu madre y linaje femenino carga o cargó? ¿Qué tan diferente habría sido tu mamá si ella y la sociedad hubieran reconocido su poder? ¿Qué tan distinta habría sido contigo durante la crianza? ¿Y ahora (si está viva)? ¿Qué tan diferente sería para ti?

Recuperar la historia perdida y sanar

Al reflexionar sobre estas realidades, surge la oportunidad de cambiar las narrativas para futuras generaciones. Recuperar la historia de las mujeres y reconocer sus contribuciones no se trata solo de justicia histórica; se trata de sanar heridas colectivas. Esta sanación es crucial tanto para mujeres como para hombres, ya que ambos han sido afectados por estas narrativas limitantes.

En este proceso, es esencial mirar hacia las historias de las mujeres de tu propia familia, especialmente aquellas que fueron catalogadas como «locas», «prostitutas» o «rebeldes». ¿Qué pasó en esas vidas? ¿Cuáles fueron los eventos, las experiencias o las circunstancias que llevaron a que estas mujeres fueran rechazadas o marginadas? Y aún más importante, ¿cuál ha sido el impacto de estas etiquetas y experiencias en las futuras generaciones de la familia? ¿Qué patrones se han perpetuado y qué heridas se han heredado?

Las familias son un microcosmos de la cultura, donde se crean reglas tanto explícitas como implícitas. Cuando alguien desafía estos acuerdos familiares o los cuestiona, es común que se le tilde de «oveja negra». Este nombramiento, muchas veces cargado de rechazo, no solo separa a la persona de su sistema familiar, sino que también entierra las historias de dolor y las experiencias vividas por quienes caminaron antes.

Para las mujeres, recuperar estas historias les permite reconectarse con su poder innato, valorarse más allá de los roles impuestos y liberarse de la narrativa del sacrificio como única fuente de reconocimiento. Esto no solo transforma su percepción de sí mismas, sino también su relación con sus hijos, promoviendo vínculos más saludables y amorosos donde las necesidades emocionales de ambas partes son validadas. Este proceso puede interrumpir el ciclo de la herida materna, liberando a futuras generaciones de cargar con expectativas y dolores heredados.

Para los hombres, reconocer las contribuciones históricas de las mujeres amplía su comprensión de lo que significa el poder y la colaboración. Esta conciencia no disminuye su valor, sino que lo complementa, abriendo espacio para que ellos también cuestionen los roles rígidos que les han sido impuestos. Cuando los hombres comprenden que el liderazgo y la creación no son exclusivos del género masculino, pueden liberar el peso de tener que encarnar estas expectativas por sí solos. Asimismo, les permite conectarse de manera más plena con las mujeres en su vida, ya sean madres, parejas, hijas o colegas, desde un lugar de respeto y reciprocidad.

Esta reescritura de la historia beneficia a toda la sociedad. Nos ayuda a imaginar un mundo donde los valores de colaboración, cuidado y creatividad —tradicionalmente asociados con lo femenino— se integran con los de lógica, acción y estructura, asociados con lo masculino. Al celebrar ambos aspectos y reconocer su importancia, podemos construir comunidades más equilibradas y resilientes, donde todas las personas tengan la oportunidad de florecer.

Caso de Lorena

Lorena, una exitosa doctora, llegó a terapia cargando un conflicto profundo con sus padres. Desde pequeña había sido la «hija de papá», disfrutando de una relación cercana y llena de confianza con él, mientras se distanciaba emocionalmente de su madre, a quien veía como débil y resignada ante un matrimonio conflictivo. Sin embargo, todo cambió en su adolescencia. Su padre, en vez de ser su refugio emocional, se volvió frío y distante, lo que derivó en discusiones constantes. La situación llegó a un punto crítico cuando, tras escribirle una carta expresando su dolor, él la rompió frente a ella, diciéndole: «Ningún hombre te va a aguantar en la vida». Estas palabras dejaron una herida profunda en Lorena, reforzando su deseo de demostrarle su valía a través de logros, mientras rechazaba cualquier similitud con su madre. Esta dinámica marcó su relación con ambos padres y moldeó su visión de la fortaleza y vulnerabilidad.

Internalización del masculino no sano

¿Te has preguntado qué pasó con las comunidades matriarcales que alguna vez florecieron en diversas culturas? Su declive puede explicarse en gran parte por el impacto de los últimos 5 000 años, marcados por invasiones políticas, imperiales y el colonialismo. Estas fuerzas estuvieron influenciadas y respaldadas por principios religiosos que sistemáticamente posicionaron a la mujer como inferior. Este sistema patriarcal no surgió por casualidad, sino como una reacción al poder intrínseco de lo femenino:

la capacidad de crear, gestar y nutrir vida. Para contrarrestar este poder, se construyó un sistema que desvalorizaba lo femenino, etiquetándolo como débil, pecador e inferior.

Las grandes religiones monoteístas, como la católica y el cristianismo, contribuyeron a perpetuar esta narrativa. Por ejemplo, la figura de Eva en la historia bíblica fue castigada por ceder a la tentación, marcándola como la culpable del «primer pecado». Este relato justificó la idea de la mujer como seductora y merecedora de control, consolidando una visión que la ubicaba en una posición subordinada. Sin embargo, quiero aclarar que Jesús no promulgó esta mirada hacia la mujer, sino sus seguidores. Al contrario, él estaba rodeado de ellas.

Como menciona la doctora Valerie Rein, este condicionamiento de siglos no solo ha moldeado las estructuras sociales, sino también nuestra psique. Hemos internalizado un «guardia de seguridad interno» que opera como una voz crítica, manteniéndonos atrapados en creencias limitantes. Este «policía interno» nos lleva a ver las características femeninas como inferiores, mientras glorifica las cualidades masculinas no saludables, como el control, la dominación y el sobreesfuerzo.

Aunque en los últimos trescientos años hemos avanzado —con revoluciones lideradas por mujeres esclavizadas, el derecho al voto, la independencia económica y la participación política—, todavía resta mucho por hacer. El éxito sigue asociado con características masculinas como la disciplina rígida, el control y el dominio, mientras que lo femenino se mantiene como secundario o débil.

En el caso de Lorena, la relación conflictiva con su padre y su distanciamiento emocional de su madre la llevaron a internalizar un modelo del masculino no sano basado en el control, la dureza y el rechazo de la vulnerabilidad. Su deseo de validación paterna la impulsó a desarrollar un perfeccionismo extremo y una necesidad constante de demostrar su valía a través de logros. Sin embargo, este enfoque, marcado por la sobrexigencia y la desconexión emocional, también le generó un profundo rechazo hacia las cualidades femeninas que veía reflejadas en su madre, como la sensibilidad y el cuidado. Para Lorena, el poder parecía residir únicamente en la fuerza y el éxito, perpetuando un desequilibrio que afectaba su capacidad de conectar con su lado más humano y compasivo.

Recuerdo que mi padre, con la mejor de las intenciones, me decía que estudiara una profesión para no depender de ningún hombre, lo que me llevó a internalizar estándares de excelencia extremadamente altos. Aunque este mensaje impulsó mi desarrollo profesional, también afectó mi salud, pues desarrollé una úlcera a los 17 años por el estrés de escoger la «mejor» universidad y, más tarde, una hernia hiatal relacionada con la ansiedad. Con el tiempo, entendí que esta presión no venía solo de mi padre, sino de un sistema que valora el logro sobre el cuidado personal y el control sobre la vulnerabilidad. Trabajé en desaprender estos patrones y en equilibrar lo femenino y lo masculino, reconociendo que ambas energías son esenciales y alcanzan su mayor potencial cuando están en armonía y al servicio del amor propio y colectivo.

> **Pausa reflexiva**
>
> Tómate un momento para reflexionar sobre el masculino no sano internalizado y su efecto en tu vida actual. ¿Qué sensaciones percibes en tu cuerpo? ¿Qué emociones y pensamientos emergen? Ahora, profundiza un poco más: ¿Qué has internalizado del masculino no sano? ¿Cómo se manifiesta esto en tu vida diaria, en tu carrera, en tus relaciones o en tu autocuidado?

EL LEGADO DE LO FEMENINO Y LO MASCULINO EN EL HOGAR

El hogar es el primer lugar donde aprendemos lo que significa ser mujer u hombre. Nuestra madre o figura materna y nuestro padre o figura paterna, en su dinámica y en su relación con sus propios roles de género, nos enseñaron consciente e inconscientemente cómo se supone que debemos relacionarnos con lo femenino y lo masculino.

En este capítulo, mencionaré algunas dinámicas clásicas entre hijos e hijas con su madre (o figura materna) y con su padre (o figura paterna).

El impacto del dolor en las mujeres y madres

Cuando el dolor ancestral, producto de siglos de sistemas patriarcales que han minimizado el valor de lo femenino y glorificado un modelo masculino desequilibrado, se infiltra en el hogar, impacta directamente esta transmisión generacional. Las madres, muchas veces atrapadas en la narrativa del sacrificio, pueden transmitir a sus hijas e hijos una visión de lo femenino como insuficiente o limitado, mientras que los padres, condicionados por expectativas de dominio y desapego emocional, refuerzan un modelo masculino que prioriza el logro sobre la conexión. Así, el hogar se convierte en un espejo de las heridas sociales más amplias.

Este legado de invisibilidad y narrativas limitantes afecta profundamente a las mujeres, especialmente en su rol como madres. Una madre que carga con el peso de expectativas inalcanzables o que ha internalizado la idea de que su valor radica solo en su capacidad de sacrificarse puede transmitirles dinámicas dolorosas a sus hijos. Por ejemplo, puede mostrarles que la fortaleza femenina está atada al sufrimiento, o que el éxito masculino requiere desconexión emocional. Esto perpetúa ciclos de inseguridad, autoexigencia y desconexión en las siguientes generaciones.

En estas dinámicas, los hijos e hijas aprenden que lo femenino es frágil o limitado, mientras que lo masculino se convierte en un símbolo de control y logro. Estas creencias moldean cómo interactúan con ellos mismos y con los demás, perpetuando desequilibrios emocionales y relacionales. Sin embargo, entender estas dinámicas nos da la oportunidad de romper con estos patrones y reconectar tanto con el poder del femenino como con un modelo masculino más sano, que valore la conexión, la compasión y el equilibrio.

HIJAS DE PAPÁ

La autora Aura Medina de Wit introduce el concepto de las «hijas de papá» como una dinámica en la que, debido al rechazo o desconexión con lo femenino, las hijas tienden a identificarse más con su padre que con su madre. Esto puede ocurrir incluso cuando la relación con el padre no ha sido cercana o si estuvo ausente, lo que sugiere que esta dinámica no solo se origina en experiencias personales, sino también en un contexto cultural y generacional más amplio.

Maureen Murdock amplía este concepto al señalar que muchas hijas buscan en sus padres o figuras masculinas modelos de éxito y validación. Al hacerlo, suelen percibir a sus madres como dependientes o carentes de ambición, lo que refuerza una desconexión con las cualidades femeninas propias. Este rechazo a la madre, sin embargo, tiene un impacto profundo en la capacidad de las hijas para integrar plenamente lo femenino en su vida.

Desde la perspectiva de las constelaciones familiares, esta desconexión con la madre no solo afecta la relación con ella, sino también con la vida misma. La madre representa el origen, la raíz y el canal de la abundancia y el amor. Cuando una hija rechaza a su madre, ya sea por juicios, resentimientos o influencias culturales que devalúan lo femenino, se bloquea la capacidad de recibir plenamente de la vida. Este bloqueo puede manifestarse en dificultades emocionales, relaciones conflictivas o problemas para sentir satisfacción y plenitud.

Por otro lado, aquellas hijas que no recibieron apoyo o validación de su padre suelen cargar con heridas profundas en su identidad. Estas heridas las conducen a buscar esa validación a través de relaciones con figuras masculinas o a desarrollar patrones de perfeccionismo, intentando demostrar su valor a través de logros externos. Esto puede perpetuar la desconexión con lo femenino, ya que lo perciben como menos valioso o significativo en su camino hacia el éxito.

En el caso de Lorena, su rechazo hacia lo femenino, representado por la aparente debilidad de su madre, la llevó a identificarse más con su padre, a pesar de la relación conflictiva. Admiraba sus logros y su fortaleza, por lo que internalizó un modelo masculino basado en el perfeccionismo y la desconexión emocional. Esta dinámica la distanció tanto de su madre como de su propia energía femenina, impactando su capacidad de equilibrio y satisfacción personal.

Aunque yo no me consideré la «hija de papá», luego de reflexionar, me di cuenta de que, al igual que Lorena, me identifiqué más con mi papá. Admiraba sus logros, su determinación y su libertad de hacer lo que quería. En contraste, veía a mi mamá menos ambiciosa, enfocada en el hogar y actividades que, en ese momento, percibía como insignificantes.

A través de mi trabajo en constelaciones familiares, comprendí que este rechazo hacia mi madre era también un rechazo a partes de mí misma. Reconciliarme con ella no solo ha mejorado nuestra relación, sino que también me permitió reconectar con mi propia energía femenina, abrazando la fuerza, creatividad y abundancia que vienen de honrar a la madre y a lo femenino en su totalidad.

PAPÁS RECHAZANDO A SUS HIJAS

Mientras escribía este capítulo, reflexioné profundamente sobre ese momento en que muchas «hijas de papá» dejan de serlo. He conocido a muchas personas, incluidas pacientes, que describen haber tenido una relación cercana con su padre durante la infancia, que cambió drásticamente al llegar la adolescencia. Algunas incluso relatan cómo esa relación se tornó difícil, marcada por el abuso verbal o físico.

Maureen Murdock menciona que este cambio puede estar relacionado con la pubertad y el desarrollo físico de la hija, un momento que puede generar incomodidad en la relación. Este desarrollo con frecuencia refleja un cambio de perspectiva en los padres, quienes comienzan a ver a sus hijas de una manera diferente, en ocasiones proyectando sobre ellas las mismas dinámicas que tienen con otras mujeres bajo las reglas del patriarcado. En lugar de seguir viendo a sus hijas como niñas, ahora las ven como mujeres dentro de un sistema que ha moldeado cómo se percibe y se trata a lo femenino.

En el caso de Lorena, la relación con su padre cambió drásticamente durante su adolescencia. Lo que antes era una conexión cercana se tornó distante y, finalmente, conflictiva. Este rechazo se intensificó cuando ella comenzó a tener relaciones románticas, momento en el que su padre dejó de verla como su «niña» y proyectó sobre ella críticas y expectativas que reflejaban una visión rígida y patriarcal de lo femenino. Este cambio dejó en Lorena una herida profunda que marcó su necesidad de validación y su rechazo hacia aspectos de su propia feminidad.

Caso de Abimael y su mamá Matilde

Abimael, un joven de 15 años, llegó a terapia después de ser referido debido a un comportamiento desafiante en la escuela y el hogar. Su madre, preocupada por su actitud y las similitudes que percibía con el comportamiento abusivo y alcohólico de su padre biológico, buscó ayuda para manejar la situación. A medida que trabajé con él y su madre, quedó claro que su aparente rechazo hacia ella era, en realidad, una expresión de un dolor profundo: el sentimiento de abandono que había cargado desde los 5 años, cuando ella se mudó a Los Ángeles y lo dejó bajo el cuidado de su abuela materna, sin siquiera despedirse.

Cuando era pequeño, Abimael había sido muy apegado a su madre, buscando en ella protección y consuelo. Sin embargo, la separación abrupta y prolongada marcó en él una herida emocional que, ahora en la adolescencia, emergía en forma de rabia y rechazo hacia ella. Sus acciones no eran un desafío; eran una llamada de atención, un grito desesperado por reconectar con una figura materna que sentía que le había fallado. A través de la terapia, trabajamos en explorar ese dolor subyacente y en crear espacios para que tanto él como su madre pudieran expresar sus emociones, reparar su vínculo y reconstruir una relación basada en la comprensión y la empatía.

El impacto en los hombres

El patriarcado también ha afectado profundamente a los hombres. Al ser posicionados como superiores, muchos se ven forzados a cumplir con expectativas de dominio, fortaleza y control, incluso cuando no tienen la madurez, el interés o la capacidad para asumir estos roles. La violencia, el enojo y la represión emocional se convierten en las únicas herramientas aceptables para expresar su poder, perpetuando ciclos de abuso y desconexión.

Además, el patriarcado no permite que los hombres se conecten con su «lado femenino» —su capacidad de sentir, cuidar y ser vulnerables—, ya que esto es visto como debilidad. Muchos hombres que no encajan en este molde se sienten alienados y marginados, lo que puede llevarlos a adicciones, conductas autodestructivas o problemas emocionales profundos. El «qué dirán» actúa como un sistema de control internalizado, que no necesita policías externos porque se perpetúa dentro de las familias y las comunidades. Por ejemplo, en la cultura latinoamericana, es común que las madres mantengan estos roles. Los varones son tratados como figuras especiales y protegidos como si fueran diamantes, mientras que las niñas son preparadas para servir y cuidar. Esto crea un desequilibrio que afecta tanto a hombres como a mujeres, perpetuando el machismo y limitando el desarrollo emocional y social de todos.

En el caso de Abimael, el impacto del patriarcado se hizo evidente tanto en las expectativas que recaían sobre él como en la dinámica familiar que lo moldeó. Desde pequeño, la ausencia emocional y física de su madre, combinada con el temor de ella a que Abimael siguiera los pasos de su padre biológico —un hombre abusivo y alcohólico—, lo dejó atrapado en una narrativa donde debía demostrar fortaleza a través de la rebeldía y el enojo. Este comportamiento era una forma de expresar el dolor y la desconexión que sentía, a la vez que reflejaba la falta de un espacio seguro para ser vulnerable o expresar sus emociones.

La presión para evitar lo que su madre consideraba «fallas masculinas» creó en Abimael un conflicto interno. Mientras actuaba para llamar la atención de su madre, también replicaba patrones de comportamiento asociados con el control y la desconexión emocional que el patriarcado glorifica. En terapia, comenzamos a explorar cómo estas dinámicas limitaban su capacidad para conectar con su lado emocional, lo que le permitió gradualmente identificar y expresar su dolor, y ayudó a su madre a comprender el impacto de estas expectativas en su relación.

> **Pausa reflexiva**
>
> ¿Qué experiencias has tenido con tu padre o figuras paternas? ¿Cómo han influido en tu percepción de ti mismo y en tu relación con lo masculino y lo femenino? ¿Qué pasos puedes dar para reconciliar estas influencias y encontrar un balance interno?

HIJOS DE MAMÁ

Desde una perspectiva sistémica, el vínculo de un hombre con su madre tiene un impacto profundo en su desarrollo emocional y en su relación con lo femenino. En muchos casos, los hombres pueden quedar atrapados en una dinámica simbiótica donde la madre ocupa un lugar central en su vida, asumiendo roles como protector, confidente o sustituto emocional de su pareja. Esto ocurre a menudo cuando el padre está ausente física o emocionalmente.

Estas dinámicas dificultan que el hombre desarrolle autonomía y equilibrio interno. Puede sentirse dividido entre la lealtad a su madre y la búsqueda de su identidad, lo que genera sentimientos de culpa o parálisis emocional. Además, esta relación puede limitar su conexión con lo femenino dentro de sí mismo, ya que lo asocia con expectativas o necesidades proyectadas por su madre.

Hombres atrapados en estas dinámicas a menudo replican patrones de dependencia o desconexión en sus relaciones de pareja. Algunos buscan en sus parejas una figura materna, mientras que otros evitan comprometerse emocionalmente. A nivel social, estas dinámicas perpetúan patrones de control, dependencia y falta de equilibrio en las relaciones humanas.

En el caso de Abimael, su comportamiento desafiante reflejaba un profundo deseo de volver a ser el hijo cercano de su mamá. A pesar de su aparente rechazo, anhelaba reconectar con ella tras sentir el abandono cuando se fue sin despedirse. Su conducta era un grito de atención para recuperar el lugar que sentía haber perdido en su vida.

HIJOS RECHAZANDO SU FEMINIDAD

En mi experiencia trabajando con hombres, he observado cómo desde pequeños son condicionados para rechazar aspectos esenciales de su feminidad. Frases como «los hombres no lloran», «pareces una nena llorando» o «las dramáticas son las niñas» son comunes en sus entornos familiares, escolares y sociales. Este condicionamiento, además, se refuerza en deportes, por docentes e incluso entre compañeros, perpetuando la idea de que lo masculino debe ser fuerte, invulnerable y autosuficiente.

En este proceso, se les enseña a rechazar cualidades asociadas con lo femenino, como:

- *La vulnerabilidad:* «Muéstrate fuerte siempre».
- *El cuidado:* «No hay tiempo para descansar».
- *La compasión:* «No seas blando».
- *La colaboración y cooperación:* «No necesitas ayuda de nadie para triunfar».
- *La empatía:* «Enfócate en ti, no en los problemas de los demás».

Aunque muchos hombres no se sienten cómodos con estas expectativas, las adoptan para evitar el rechazo, el *bullying* o la exclusión. La manera en que lo veo es como si se les negara una parte fundamental de su humanidad, forzándolos a madurar antes de tiempo y condicionándolos a cargar con privilegios que, en algunos casos, utilizan para dominar o abusar de otros.

Desde una mirada sistémica, este rechazo a lo femenino también se relaciona con el vínculo con la madre. En constelaciones familiares, la madre simboliza la conexión con la vida. Cuando un hombre rechaza a su progenitora, ya sea por resentimientos o heridas, también rechaza lo femenino dentro de sí, lo que puede generar desconexión emocional y relaciones superficiales. Esta desconexión conserva patrones de control y violencia, afectando tanto sus relaciones personales como a la sociedad.

En el caso de Abimael, el abandono de su madre lo llevó a rechazar aspectos femeninos como la vulnerabilidad y la compasión, adoptando una rigidez masculina como defensa. Su enojo y autosuficiencia eran un intento de protegerse del dolor, pero en terapia comenzó a comprender que la verdadera fortaleza radica en integrar ambos lados de su humanidad.

Lo anterior me lleva a reflexionar: ¿Cómo sería nuestro mundo si más hombres, especialmente aquellos en posiciones de privilegio, buscaran integrar y equilibrar su energía femenina? ¿Cómo cambiarían nuestras dinámicas sociales si se valoraran la empatía, la colaboración y la compasión tanto como la fuerza, el control y la independencia?

Pausa reflexiva

¿Cómo ha impactado tu relación con tu madre en tu capacidad de conectar contigo mismo y con los demás? ¿Qué patrones observas en tus vínculos emocionales y en cómo te permites recibir apoyo o mostrar vulnerabilidad? ¿De qué manera puedes reconciliarte con esta relación para fortalecer tu conexión con la vida y con lo femenino?

RECHAZO DE LO FEMENINO Y DE LA MADRE

En nuestra sociedad, lo masculino sigue siendo el estándar de éxito, asociado con conceptos como disciplina, esfuerzo y enfoque. Mientras tanto, cualidades femeninas como el descanso, la flexibilidad y la creatividad se relegan o perciben como menos valiosas. Este rechazo a lo femenino comienza desde temprana edad, cuando tanto hombres como mujeres internalizan que lo masculino es superior.

En las mujeres, dicha aversión las ha llevado a desconectarse de su cuerpo, sus emociones y su ciclicidad natural. Al tratar de ajustarse a los estándares masculinos, muchas experimentan altos niveles de estrés, agotamiento y problemas de salud. Como señala el Dr. Gabor Maté en su libro *El mito de la normalidad*, esta desconexión y autoexigencia son factores que contribuyen a enfermedades crónicas y a una mayor incidencia de problemas de salud mental entre las mujeres.

Por otro lado, el rechazo a lo femenino también se refleja en nuestra relación con las madres. Ya no vivimos en sociedades que las honran o las apoyan; en cambio, se les responsabiliza de manera desproporcionada por todo lo relacionado con la crianza y el bienestar de sus hijos. Las madres enfrentan una carga excesiva, no solo debido a la falta de redes de apoyo y políticas públicas adecuadas, sino también por las expectativas irreales que la sociedad y sus propias familias colocan sobre ellas.

En culturas como la latina, las madres son vistas como mártires, con frases como «es que la madre es la madre» que sostienen la idea de que deben sacrificarse sin límites. Al mismo tiempo, las expectativas hacia los padres suelen ser más indulgentes, lo que crea un desequilibrio que impacta las relaciones familiares. Los padres son vistos como humanos con derecho a equivocarse, mientras que las madres se enfrentan a estándares de perfección casi inalcanzables.

El impacto de esta tendencia se extiende más allá de las madres, afectando la forma en que nos relacionamos con lo femenino y con nuestras propias emociones. A nivel social, perpetúa ciclos de inequidad y desconexión que afectan nuestras dinámicas familiares y comunitarias.

En el caso de Lorena, comenzó a rechazar lo femenino al percibir a su madre como débil y resignada, desconectándose de las cualidades femeninas que veía en ella. En consecuencia, idealizó lo masculino, buscando validación a través del esfuerzo y la excelencia, mientras rechazaba aspectos emocionales y creativos asociados con su madre. Por otro lado, Abimael expresó su dolor por el abandono de su madre a través de una hostilidad aparente hacia ella, adoptando una actitud de dureza y autosuficiencia como defensa. Ambos casos ilustran cómo el rechazo a la madre, y por ende a lo femenino, no solo fortalece la desconexión emocional, sino que refuerza un modelo de éxito basado en estándares rígidos y desequilibrados.

Pausa reflexiva

¿Qué cualidades femeninas rechazas o subestimas en tu vida? ¿Cómo afectan las expectativas que tienes de tu madre y tu padre en tu percepción sobre ellos? Si esas expectativas fueran más equitativas, ¿cómo cambiaría tu perspectiva sobre la maternidad, la paternidad y tus propias relaciones familiares?

RECHAZO DE LA MADRE HACIA SUS HIJOS

El rechazo de la madre hacia sus hijos puede manifestarse de diversas formas, incluyendo el abandono físico o emocional. Este abandono, ya sea intencional o circunstancial, tiene un impacto significativo en el desarrollo emocional de los hijos, quienes a menudo interpretan estas experiencias como una falta de amor o cuidado, aunque no sea la intención de la madre.

Las circunstancias de abandono pueden incluir adopciones, enfermedades, mudanzas por razones laborales o económicas, depresión, adicciones, entre otras. Un caso recurrente, especialmente en familias inmigrantes, es el de las madres que se ven obligadas a dejar a sus hijos en sus países de origen mientras buscan mejores oportunidades en el extranjero.

Sin embargo, el abandono no siempre es físico. También puede darse cuando la madre está ausente emocionalmente debido a enfermedades físicas, psicológicas o a una desconexión interna. Para un niño, esta falta de respuesta emocional de la madre puede ser profundamente confusa, ya que las madres suelen actuar como espejos que reflejan cómo percibimos el mundo y como termómetros que nos ayudan a regular nuestras emociones. Sin estas respuestas, los niños pueden desarrollar una sensación de indefensión, desconexión de sus propios sentimientos y una tendencia a ignorar su intuición.

Como explica Maureen Murdock, esta experiencia puede llevar a una búsqueda constante de aprobación y amor que nunca se percibió. En casos extremos, la desconexión emocional puede predisponerlos a repetir patrones de violencia o abuso.

En el caso de Abimael, la ausencia de su madre tras mudarse a Los Ángeles dejó una herida profunda que él interpretó como rechazo. Este abandono, aunque no intencional, lo llevó a desarrollar una necesidad de atención y aprobación, manifestada en su conducta desafiante, la cual reflejaba el impacto emocional de no sentirse visto ni priorizado por su madre.

ANHELO DE LO FEMENINO Y DE LA MADRE

No importa cuántos años tengamos, el anhelo de una figura materna permanece como una constante en nuestra vida. Desde el momento en que somos concebidos, el vientre materno se convierte en nuestro primer hogar, un espacio de protección, nutrición y conexión profunda. Freud habló sobre el deseo inconsciente de regresar a ese estado de total cuidado y acogida, un lugar donde no existían preocupaciones ni demandas, solo la seguridad de estar acurrucados en el cuerpo de mamá, escuchando su latido y recibiendo todo lo que necesitábamos a través de la placenta.

El nacimiento, por más hermoso que sea, representa nuestra primera desconexión de ese espacio seguro. Ya sea por un parto vaginal o cesárea, el proceso de nacer es un cambio significativo que conlleva incomodidad tanto física como emocional para el bebé. Desde ese momento, nuestra necesidad de la madre o figura materna comienza a manifestarse de nuevas maneras: el llanto como lenguaje, la búsqueda del calor de su cuerpo o de su voz, o el sonido reconfortante de su corazón. Esta conexión inicial establece la base para nuestra relación con el mundo.

A medida que crecemos y desarrollamos nuestra autonomía, nos distanciamos de esa cercanía física, pero el anhelo por una figura materna no desaparece. Para quienes han vivido separaciones abruptas, pérdidas o traumas con sus madres durante la niñez, este deseo puede volverse aún más fuerte, y es común buscar llenar ese vacío en otras relaciones.

El anhelo no es constante; fluctúa dependiendo de las circunstancias de nuestra vida. Durante momentos de dificultad, como enfermedades, transiciones importantes o incluso al convertirnos en madres, la necesidad de ese apoyo materno tiende a intensificarse. No tener la madre que deseamos o necesitamos puede sentirse como una pérdida, y, al igual que cualquier pérdida, nos enfrenta a un proceso de duelo que puede durar años.

En el caso de Lorena, su rechazo hacia lo femenino escondía un anhelo por una figura materna fuerte que nunca sintió tener, manifestándose en su búsqueda constante de validación a través del éxito. Abimael, por su parte, expresó su necesidad de reconexión con su madre a través de su comportamiento desafiante, reflejando el vacío dejado por su separación abrupta en la infancia. Ambos ejemplifican cómo el anhelo de la madre persiste, incluso en medio del rechazo o la desconexión.

Pausa reflexiva

¿Cuál es la figura materna que desearías tener en tu vida? ¿Sientes que la tienes o la has tenido? Si no, ¿cómo se manifiesta ese anhelo? ¿En qué momentos lo sientes con más intensidad? ¿Qué haces para manejar esos sentimientos y qué encuentras que te ayuda a satisfacer, al menos parcialmente, ese anhelo?

SANANDO LAS HERIDAS DEL PATRIARCADO Y SU IMPACTO EN LAS HERIDAS MATERNAS

En este capítulo, hemos explorado cómo el patriarcado ha impactado profundamente nuestra vida, afectando nuestras relaciones con lo femenino, nuestra conexión con la madre y nuestra manera de maternar. Este sistema no solo nos desconectó de nuestras propias cualidades femeninas, sino que también condicionó nuestra percepción de las madres, atribuyéndoles responsabilidades desproporcionadas y expectativas irreales.

Es inevitable que este legado haya contribuido a la creación de heridas maternas en nosotras y en nuestras familias.

Sentir coraje y frustración al reconocer estas dinámicas es una reacción válida y natural. Muchas de nosotras cargamos con la rabia de generaciones que no tuvieron la oportunidad de expresar sus emociones ni de cuestionar estas estructuras opresivas. Sin embargo, quedarse estancada en ese coraje no nos libera; más bien, perpetúa el ciclo de desconexión y dolor.

Cuando no procesamos este coraje, podemos proyectarlo hacia nuestra propia madre, hacia nosotras mismas como madres o hacia lo femenino en general. Esta carga emocional no solo nos afecta a nivel mental y físico, sino que también nos dificulta romper con los patrones que mantienen abierta la herida materna. Validar el dolor y el sufrimiento es esencial, pero el siguiente paso es canalizar esa energía hacia la sanación.

Sanar las heridas del patriarcado no solo se trata de equilibrar lo femenino y lo masculino; también implica reconciliarnos con nuestra madre interna y externa. Es reconocer que las madres —tanto la nuestra como nosotras mismas— hemos sido víctimas de un sistema que nos exigió demasiado sin brindarnos el apoyo necesario. Este proceso de reconciliación nos permite ver a nuestras madres con más compasión, sin idealizarlas ni juzgarlas con dureza.

Desde la perspectiva de las constelaciones familiares, la sanación del impacto del patriarcado comienza con el reconocimiento y el asentimiento hacia la historia que hemos heredado. Este enfoque nos invita a aceptar que el patriarcado no es solo un sistema externo, sino también parte de los sistemas familiares que nuestros antepasados vivieron. Asentir a todo como fue y como es, sin juicio ni sensación de superioridad hacia las generaciones anteriores, es fundamental para liberar las dinámicas que perpetúan el dolor.

En este proceso, es esencial agradecer a nuestros ancestros por la vida que nos dieron, reconociendo sus luchas y limitaciones dentro del contexto histórico que enfrentaron. Desde este lugar de gratitud y neutralidad, podemos soltar las lealtades inconscientes que nos atan a patrones que ya no nos favorecen, permitiéndonos integrar lo que ha sido rechazado como una parte legítima de nuestra historia. Esta integración no significa justificar ni repetir los errores del pasado, sino verlos con compasión y reconocer su impacto en nuestro presente.

Además, sanar no implica aceptar dinámicas que nos dañan. Desde el presente, y sin rencor en el corazón, es importante crear los límites necesarios con las personas o sistemas que continúan perpetuando el daño. Estos límites no se establecen desde un lugar de juicio o superioridad, sino desde un amor profundo hacia nosotras/os mismas/os y hacia los demás. Este acto nos libera de reproducir el ciclo de dolor y nos permite habitar un espacio más equilibrado y consciente.

Paulina Preusser, una de mis maestras, menciona que la herida del patriarcado se sana con amor. Este amor comienza con nosotras/os mismas/os, cuidando a nuestra niña/o interna/o, liberándonos de las expectativas irreales y entendiendo que nuestra maternidad no tiene que ajustarse a un modelo idealizado. Cuando hacemos esto, también le damos permiso a nuestra madre interna para existir con sus imperfecciones, y a nuestras madres externas para ser humanas, con sus propias luchas y limitaciones.

> **Pausa de atención plena**
>
> Respira profundamente y siente cómo el aire llena tu cuerpo. Nota cualquier sensación de tensión o incomodidad en tu cuerpo. Lleva tu atención a una parte de ti que cargue con el coraje o el dolor relacionado con tu experiencia como madre o con tu propia madre. ¿Qué forma o color imaginas que tiene esa sensación? Acércate a esa forma, como si la observaras con un microscopio, y permanece ahí unos segundos.
> Luego, retrocede tu atención y nota si algo cambia.
> Si la forma se suaviza o se reduce, continúa explorándola. Si no, enfoca tu atención en una parte de tu cuerpo que se sienta tranquila o cómoda. Observa cómo estas sensaciones evolucionan y qué emociones o pensamientos surgen al final.

RECUPERANDO EL BALANCE SALUDABLE DE LA ENERGÍA FEMENINA Y MASCULINA

Sanar la herida materna es un camino que también requiere sanar el desbalance energético entre lo femenino y lo masculino.

Mientras sigamos rechazando lo femenino, perpetuamos ciclos de opresión hacia las mujeres y las madres, creando relaciones no saludables con ellas y, por ende, con nosotras mismas y nuestra familia.

El balance entre estas energías no significa que deban estar divididas de forma exacta o constante. Eso sería poco realista. Se trata, por el contrario, de hallar maneras para que ambas trabajen en armonía y al servicio del amor: hacia nosotros mismos y hacia los demás. Por ejemplo, la energía masculina puede proveer estructura y protección, permitiendo que la energía femenina florezca con creatividad, intuición y conexión. Sin embargo, alcanzar este balance sigue siendo un reto para muchos de nosotros. Es común caer en patrones de «hacer demasiado» o sobrevalorar el control y la lógica por encima del descanso y la fluidez. Reconocer esta dinámica es el primer paso para ajustarla.

Invitación ceremonial

El siguiente ejercicio fue pensado para ayudarte a que conectes contigo y tus energías.

1. Energías femeninas y masculinas. Identifica las cualidades femeninas y masculinas en tu vida apoyándote en el siguiente diagrama.

Cualidad Energía femenina	Expresión en el hogar	Expresión con amigos	Expresión a solas	Expresión en el trabajo
Empatía				
Vulnerabilidad				
Intuición				
Colaboración				

Energía femenina y masculina

Autocuidado				
Creatividad				
Flexibilidad				
Comunicación emocional				
Paciencia				
Conexión interpersonal profunda				
Cualidad Energía masculina				
Lógica				
Racionalidad				

Independencia				
Protección				
Determinación				
Analítica				
Fuerza física				
Enfoque				
Toma de decisiones				
Competitividad				

2. Reflexiona sobre lo siguiente:
    a) ¿Qué energías predominan en tu vida?
    b) ¿Qué áreas están desbalanceadas?
3. Haz una lista de cualidades que casi no expresas y encuentra maneras de integrarlas.

4. Maneras de cultivar el balance:

- ◇ *Agenda equilibrada.* Organiza tareas y reserva tiempo para el descanso y la creatividad.
- ◇ *Rituales diarios.* Convierte acciones cotidianas en momentos especiales (como tomar tu café en calma con una intención positiva).
- ◇ *Conexión con tu intuición.* Practica escribir en un diario, escuchar tus pensamientos internos y seguir las guías tranquilas de tu intuición.
- ◇ *Celebración de pequeños logros.* Divide tus metas en pasos pequeños y permítete celebrar cada avance.
- ◇ *Colaboración y ayuda.* Pide apoyo cuando lo necesites y busca conectar con otros.
- ◇ *Tiempo de gozo.* Dedica espacio a *hobbies*, juegos o actividades que disfrutes sin presión de resultados.

CAPÍTULO 5
Conectando con la madre tierra

Cúrate, mijita, con la luz del sol y los rayos de la luna.

Con el sonido del río y la cascada. Con el vaivén del mar y el aleteo de las aves.

Cúrate, mijita, con las hojas de la menta y la hierbabuena, con el neem y el eucalipto. Endúlzate con lavanda, romero y manzanilla.

Abrázate con el grano de cacao y un toque de canela. Ponle amor al té en lugar de azúcar y tómalo mirando las estrellas.

Cúrate, mijita, con los besos que te da el viento y los abrazos de la lluvia.

Hazte fuerte con los pies descalzos en la tierra y con todo lo que de ella nace. Vuélvete cada día más lista haciendo caso a tu intuición, mirando el mundo con el ojito de tu frente.

Salta, baila, canta, para que vivas más feliz.
Cúrate, mijita, con amor bonito, y recuerda siempre...

¡Tú eres la medicina!

MARÍA SABINA

Invitación ceremonial

Para esta ocasión, te invito a que antes de comenzar muevas tu cuerpo sacudiendo un poco las caderas y los hombros. Luego, planta los pies firmes en el piso. Al igual que un compás, busca las direcciones este, sur, oeste y norte. Una vez ubicadas, repite lo siguiente de pie:

1. Mirando hacia el este: «Honro el este, te saludo. Gracias por este nuevo comienzo. Gracias por el recuerdo del amanecer y de un comienzo día tras día».
2. Mirando hacia el sur: «Honro el sur. Gracias por recordarme el pasado y conectarme con mi niño interior. Te cuido».
3. Mirando hacia el oeste: «Honro el oeste. Gracias por representar el final y el dejar ir. Suelto lo que no me pertenece mientras estremeces con temblores y purificas con tu fuego».
4. Mirando hacia el norte: «Honro el norte. Gracias por conectarme con mi linaje terrenal y estelar. Recibo tu gracia y te pido tu sabiduría para encaminar este viaje».
5. Mirando hacia arriba: «Gracias, padre Sol, por tu grandeza, consistencia, protección y poder de darnos vida. Te honro y agradezco cada día».

6. En cuclillas y tocando el piso: «Madre tierra, gracias, gracias, gracias. Eres el terreno fértil para toda la vida. Gracias por la oscuridad y oportunidad de nacer y renacer».
7. De pie y con las manos en el corazón: «Gracias, corazón, por sentir todas las emociones. Te agradezco por todos los mensajes y protección. Gracias por volver a amar una y otra vez. Gracias». Finaliza con varias respiraciones profundas y sintiendo todo tu cuerpo.

Las direcciones y los elementos han sido honrados por pueblos originarios por generaciones. Esta práctica se comparte con respeto, honrándoles, sin intención de apropiación.

◁◇▷ • ◁◁◁ • ◁◇▷ • ◁◁◁ • ◁◇▷ • ▷▷▷ • ◁◇▷ • ▷▷▷ • ◁◇▷ • ▷▷▷

Para sanar las heridas maternas, es importante reconectar con una energía materna que nos ayude a reparar las experiencias que no tuvimos con nuestra madre o figura materna. En algunos casos, hay personas que tuvieron la dicha de tener una alterna que les proveyó parte de esa experiencia. Pero para la mayoría de las personas con las que he trabajado, no ocurrió así o ya no cuentan con ella.

Por esta razón, los invito a conectar con la energía de la Gran Madre a través de la madre naturaleza. A continuación, te ofreceré diferentes maneras para conectar con ella. Si no tienes una relación con la madre naturaleza, recuerda que es un proceso de conocimiento y de establecimiento de una relación, así que tómalo con calma. Si ya te vinculas con ella, espero que en los próximos pasos puedas explorar nuevas formas de hacerlo.

LA PRIMERA MADRE: MADRE NATURALEZA

La idea de la «madre naturaleza» como la primera madre es una noción que se encuentra en varias culturas y tradiciones en todo el mundo. Representa la concepción de que la naturaleza es una entidad femenina que da origen a toda la vida y sustenta el equilibrio del mundo. Incluso si nunca te sentiste sostenida por tu mamá o figura materna, la madre naturaleza siempre ha estado ahí, nutriéndote silenciosamente a través del aire que respiras, el agua que bebes y los alimentos que consumes. Ella representa lo que muchos de nosotros quizás nunca experimentamos: un amor incondicional que da vida sin pedir nada a cambio.

La madre nos nutre con su leche, la tierra nos alimenta con sus frutos. Así como una madre sostiene la vida de un bebé, la naturaleza sostiene la vida de todo ser viviente. Esta noción estaba presente en muchos de los pueblos indígenas americanos, incluido el que heredé: los taínos (pueblo originario de Borikén, cuando la Isla fue colonizada por los españoles a partir de 1493).

Para los taínos, sus creencias y su religión estaban profundamente arraigadas en la naturaleza y el cosmos que los rodeaba. La madre naturaleza, o la naturaleza en sí misma, tenía un papel central en la cosmovisión taína. Ellos adoraban y respetaban la tierra, el agua, los árboles, los animales y todos los elementos naturales como manifestaciones sagradas. Consideraban que estos elementos tenían espíritus o deidades asociadas, y mantenían una estrecha conexión espiritual con ellos.

Al igual que los míos, tus ancestros también provienen de pueblos originarios. Algunos más recientes que otros —dependiendo de hace cuánto fueron colonizados—. Pero si estás leyendo esto en español y provienes de un país de Latinoamérica, seguro que, si partimos de la colonización europea de América, esto ocurrió hace menos de quinientos años.

Los taínos, al igual que muchos pueblos originarios de América, veneraban a una deidad principal que se asocia con aspectos de la fertilidad, la tierra y la naturaleza, a menudo personificada en una figura materna. Por ejemplo:

1. **Itiba Cahubaba (taíno):** Itiba Cahubaba representa a la madre tierra. Murió al parir cuatro gemelos sagrados-creadores, símbolos de los cuatro puntos cardinales y de los cuatro elementos.[1]
2. **Pachamama (andina):** En las culturas andinas de América del Sur, especialmente en la tradición de los pueblos quechuas y aimaras, Pachamama es una deidad importante que representa a la madre tierra. Es venerada como la madre de la tierra y la fertilidad, responsable de proveer y sostener la vida.[2]

---

[1] Información disponible en <https://pueblosoriginarios.com/centro/antillas/taino/cosmologia.html>.

[2] Redacción editorial (30 de julio de 2021). «Pachamama, mucho más que una celebración a la tierra». *Secretaría de Cultura*. Argentina. Disponible

3. **Tonantzin (azteca):** Para los aztecas y otros pueblos mesoamericanos, Tonantzin era una deidad venerada como la madre tierra y la madre de los dioses. Su nombre significa «nuestra madre» en náhuatl, y era adorada en múltiples formas en todo el mundo azteca.[3] Con la conquista de los españoles y la eliminación de las deidades aztecas, se dice que el culto de Tonantzin fue sustituido por el de la Virgen de Guadalupe.[4]

La Virgen de Guadalupe

---

en <www.cultura.gob.ar/pachamama-mucho-mas-que-una-celebracion-a-la-tierra-10855/>.

[3] Almeida Saavedra, I. y Zavi, A. (7 de septiembre de 2022). «TONANTZIN, our mother». *Rocky Mountain PBS*. Disponible en <www.rmpbs.org/blogs/poetry-corner/tonantzin/>.

[4] Redacción editorial. (13 de diciembre de 2023). «La historia de Tonantzin: la diosa azteca que fue venerada en México antes que la Virgen de Guadalupe». *Gráfico al día*. Disponible en <graficoaldia.mx/2023/12/13/la-historia-de-tonantzin-la-diosa-azteca-que-fue-venerada-en-mexico-antes-que-la-virgen-de-guadalupe/>.

La cosmovisión taína enfatizaba la armonía y el equilibrio con la naturaleza, y consideraba que los seres humanos eran parte integral de este sistema interconectado. Por lo tanto, el respeto y la protección del medioambiente eran fundamentales en su cultura y forma de vida. Desde esta perspectiva, la madre naturaleza es una figura materna primordial, responsable de la creación y el cuidado de todas las formas de vida en la Tierra. Se le atribuye la capacidad de nutrir, proteger y mantener el orden en el mundo natural.

La noción de la madre naturaleza puede encontrarse tanto en mitologías antiguas como en tradiciones indígenas universales, donde la naturaleza es venerada como una entidad sagrada y respetada como fuente de toda la vida. Su concepción como la primera madre resalta nuestra interdependencia con el mundo natural y nuestra responsabilidad de preservarla y cuidarla para las generaciones futuras.

Pausa reflexiva

Reflexiona sobre tu linaje proveniente de pueblos originarios y sobre sus creencias relacionadas con la madre naturaleza. ¿Cómo trataban al entorno natural? ¿Qué dioses veneraban? ¿Cuál era su conexión con la naturaleza y el cosmos?

¿Qué ocurre cuando la relación con la madre tierra se fractura? La falta de aprecio hacia ella puede manifestarse en nuestra desconexión con nuestra propia figura maternal que nutre, sostiene y cuida, y viceversa.

DESCONEXIÓN CON LA NATURALEZA

Como seres humanos, nos hemos desconectado en gran medida del entorno natural a tal punto que lo vemos como algo externo a nosotros mismos. Incluso decimos frases como «me voy a conectar con la naturaleza en mi próximo viaje a ⎯⎯⎯⎯⎯⎯⎯, o cuando vaya a hacer senderismo». Si alguna vez te has sentido ajeno a ti mismo, sin raíces o con un vacío que no logras explicar, esa sensación puede estar vinculada tanto a la herida materna como a la desconexión con la naturaleza. Ambas relaciones nos nutren y nos sostienen, y cuando se fracturan, podemos sentirnos perdidos, como si nos faltara un lugar seguro al cual regresar.

Las ideas internalizadas de que no somos naturaleza solo perpetúan nuestra distancia con la naturaleza y la creación.

¡Somos naturaleza! Nuestro cuerpo se compone de elementos y partículas que compartimos con otros seres vivos en la Tierra, con los elementos, las plantas y las estrellas. Los estudios varían, pero mencionan que estamos compuestos de aproximadamente el 60 o 70% de agua; muy parecido al planeta que habitamos, cuya composición incluye cerca del 70% de agua.[5] ¿Sabías que este elemento vital está presente en el 30% de la estructura ósea?[6] Asimismo, hay muchos otros datos curiosos que hablan de las similitudes que compartimos con los diferentes reinos de la naturaleza: animal, vegetal, fungi, protoctista y monera. Pero a lo que quiero hacer alusión es que pertenecemos a la naturaleza. *¿Cuándo se nos olvidó esto?*

Esa desconexión se debe, principalmente, a la modernización y a las tecnologías que nos separan cada día más de nuestra interdependencia con los otros reinos naturales. Las sociedades más primitivas e indígenas estaban más conectadas con los ciclos de la luna, las temporadas y los animales y plantas de donde vivían. Estas comunidades preparaban remedios a partir de hierbas y plantas de su entorno para combatir infecciones y otras enfermedades.

Dependían del clima para poder cultivar y sobrevivir. Dependían de los cuerpos de agua cercanos para el consumo de agua potable, el lavado de ropa y la caza de animales acuáticos. Dependían del terreno tanto para sembrar como para resguardarse durante eventos atmosféricos. Dependían de las plantas cercanas para alimentarse y para sus remedios de sanación, así

---

[5] «¿Cuánta agua hay sobre (y dentro) de la Tierra?». La ciencia del agua para escuelas. USGS. Disponible en <water.usgs.gov/gotita/earthhowmuch.html>.

[6] Clegg, B. (2 de septiembre de 2020). «¿De qué está hecho realmente el cuerpo humano?». *BBC Science Focus. BBC News Mundo.* Disponible en <www.bbc.com/mundo/noticias-53959099>.

como otros usos. Dependían de los animales para su consumo, pero también para crear artefactos, ropa, utensilios, etc. Vivían una vida más simple y peligrosa, pero a la vez estaban más presentes en el aquí y ahora.

Con cada invento creado por el ser humano se facilitaron muchas cosas. Pudo haber techos y espacios de vivienda más seguros; mecanismos para facilitar la agricultura y proteger mejor los alimentos que se fueran a consumir; mejores métodos de transportación para cargar bienes, animales y facilitar comercios con pueblos cercanos; además, se crearon métodos de comunicación que aceleraron la capacidad de contactar a alguien en cualquier momento, entre otros beneficios.

Sin embargo, lo anterior también ha implicado un costo muy alto. Se ha explotado la mano de obra, los animales, las plantas y los propios humanos. Además, se han contaminado las tierras y las aguas, con terribles repercusiones en la flora y la fauna de muchos ecosistemas, como la acelerada extinción de numerosas especies. Al no cuidar la naturaleza —incluyendo la tierra, el agua, el aire y los recursos que nos sustentan—, poco a poco nos estamos colocando en situaciones que amenazan nuestra seguridad y sobrevivencia como especie.

El ser humano cada día tiene a su alrededor más elementos y materiales sintéticos que perpetúan esa desconexión con aquellos que fueron utilizados para crearse y consume alimentos muy procesados y llenos de toxinas que enferman al cuerpo. En un estudio donde evaluaron más de 300 000 muestras del cordón umbilical en Estados Unidos, detectaron sustancias químicas erfluoroalquiladas y polifluoroalquiladas (PFAS) en todas las muestras.[7] Estas sustancias han sido ligadas a enfermedades como cáncer, problemas del riñón e hígado, defectos al nacer, entre otras. Además, se encuentran en alimentos y materiales de uso doméstico. Si bien ya hay toxinas presentes en la comida, el aire y el agua, los elementos con los que interactuamos diariamente en nuestras casas son hechos de materiales extraprocesados cómo plástico, lo cual nos priva de la materia prima natural con la que fueron creados.

> **Pausa de atención plena**
>
> Toma varias respiraciones profundas. Conecta con el aire que entra y sale en cada inhalación y exhalación. Ahora mira a tu alrededor e identifica los materiales de la naturaleza con los que se creó lo que está cerca de ti. Por ejemplo, si ves algo de cristal, puedes conectar con la arena (que es parte de los elementos usados para crear el cristal o el vidrio). Si ves algún mueble que esté hecho de madera o con madera, conecta con los árboles que sirvieron como materia prima de ese mueble. Si ves alguna prenda de vestir, reflexiona sobre el material con que fue hecha y su origen. Este ejercicio no solo te invita a reflexionar

---

[7] Perkins, T. (23 de septiembre de 2022). «"Forever chemicals" detected in all umbilical cord blood in 40 studies». *The Guardian*. Disponible en <www.theguardian.com/environment/2022/sep/23/forever-chemicals-found-umbilical-cord-blood-samples-studies>.

> sobre tu entorno, sino también a reconocer cómo la madre naturaleza sigue estando presente para ti. Al igual que ella, puedes aprender a darte lo que necesitas para sanar, incluso si en el pasado sentiste que no recibiste suficiente cuidado. Cada conexión con la naturaleza puede ser un recordatorio de que siempre hay una fuente de apoyo disponible para ti.

Probablemente te diste cuenta de que hay elementos en tu casa o alrededor que están tan procesados que no puedes descifrar su origen natural, lo cual contribuye a la desconexión con lo que te proveyó: con los árboles, animales y plantas que fueron utilizados para tu seguridad, comodidad y hasta belleza. En consecuencia, se tiene una actitud de descuido ante la naturaleza.

En la actualidad contamos con muchas herramientas que nos facilitan la vida; podemos comprar lo que necesitemos desde nuestro teléfono. Si todavía tuviéramos que caminar largos trechos para conseguir agua potable, lavar ropa en un río o lago, cazar animales para comer y usar sus pieles para protegernos del frío, sembrar los alimentos que consumimos y luego cuidar de la tierra, entre otras necesidades, reconoceríamos más la bendición que nos proveen esos animales, árboles, plantas, cuerpos de agua, etc., así como lo vulnerables que somos y cuánto los necesitamos. No sobrevivimos sin ellos para resguardarnos del clima y dormir seguros. Todo esto es provisto por la madre tierra, la que nos da y sostiene la vida.

El ser humano encabeza la escala del orden natural, y ya sea desde el origen u otra perspectiva, dudo mucho que esto implique descuidar a lo que está debajo. Al contrario, debemos asumir mayor responsabilidad de proteger y respetar a los seres con menor «voz y voto». Esto no significa, sin embargo, que somos autosuficientes. Al contrario, dependemos los unos de los otros. Y al igual que muchas comunidades más primitivas y aborígenes, podemos coexistir y lograr un intercambio justo.

En mi vida, reconocer mi interdependencia con la naturaleza marcó un antes y un después. Saber que el aire que respiro, lleno de oxígeno generado por las plantas y los árboles de este planeta, oxigena mis células y les permite generar energía y funcionar correctamente me ha transformado. También he comprendido que los alimentos que consumo provienen de semillas que fueron sembradas, regadas con agua, nutridas por el sol y cuidadas hasta que produjeron los frutos o las partes necesarias para nuestra alimentación. Luego, estos alimentos fueron transportados hasta un supermercado, donde pude comprarlos y prepararlos. Podría seguir con más ejemplos que ilustran esta profunda interconexión, pero cada uno de ellos me recuerda que nuestra existencia está entrelazada con la generosidad de la naturaleza.

En *Una trenza de hierba sagrada*, Robin Wall Kimmerer menciona que, según los pueblos originarios e indígenas de lo que hoy se conoce como Estados Unidos, los humanos son considerados «los hermanos menores de la creación». Como son quienes menos tiempo llevan ocupando el planeta Tierra, deben aprender de otras especies respecto a cómo viven, ya que su antigüedad les ha permitido resolver cuestiones fundamentales.

La autora Robin también relata cómo las plantas interactúan con nosotros. Ella cuenta que la hierba sagrada y otras especies crecen y se mantienen vivas en comunidades donde se usan. Cuando no es así, estas plantas se extinguen o se mudan a áreas donde sean requeridas, como sucedió con los árboles de arce que, según menciona, parece como si hubieran inmigrado más al norte.

Robin menciona diferentes maneras para establecer una relación respetuosa y justa con las plantas, incluyendo principios como no tomar el primer fruto ni el último, tomar solo lo que necesitas y lo que se te da, no consumir más de la mitad de la planta, dejar para los demás, pedirle permiso antes de usarla o cortarla, minimizar el daño que le hagas, usarla con respeto y sin desperdiciarla, darle ofrendas, agradecerle y protegerla.

MALTRATO A LA MADRE NATURALEZA Y LA HERIDA MATERNA

Ambas heridas comparten raíces similares: la desconexión con lo femenino, con lo que nutre y sostiene la vida. Así como la madre tierra ha sido explotada, ignorada y desvalorizada, muchas madres han experimentado lo mismo, cargando con la presión de dar sin recibir, y de ser fuentes inagotables de cuidado sin reconocimiento. Esta dinámica nos ha dejado, como sociedad, desconectados de nuestras raíces y de nuestra capacidad de valorar aquello que nos sostiene.

Con la modernidad, y por los efectos de sistemas opresores que buscaban eliminar todas las tradiciones de los pueblos originarios, y desconectarlos de sus raíces y sostén de vida, la mirada hacia la madre, la que gestó nuestra vida, no es apreciada. De igual forma, hemos perdido el respeto y aprecio que muchos pueblos originarios tenían sobre la tierra. Esto se debe grandemente al mal uso del poder, y de conquistar y colonizar terrenos para extraerlos y sacarles provecho. En el pasado, se buscaba tener dominio de los frutos, alimentos y ganados; pero con el capitalismo, ahora se trata de sacarle «mayor» provecho al espacio sin importar las consecuencias, entre las cuales se incluyen la creación de edificios «eficientes» para que más personas puedan vivir en un pequeño espacio, para crear factorías y lugares de trabajo, y para utilizar el terreno y explotarlo lo más posible (incluso se valen de todas las tecnologías y tóxicos posibles para obtener más recursos). Todo esto pasa sin darle importancia ni honrar al terreno, a la fauna y flora que existía ahí, o a las personas, animales y plantas que se nutrían de ese espacio.

La historia nos muestra cómo la explotación ha dañado tanto la naturaleza como a las comunidades humanas. Los colonos europeos que poblaron las Grandes Llanuras en Estados Unidos desplazaron a los pueblos originarios que conocían y cuidaban profundamente estas tierras. Para lograrlo, casi exterminaron al bisonte americano (llamado *búfalo* por estos pueblos), un animal clave para la sobrevivencia de las comunidades, que proveía alimento, abrigo y herramientas. Se estima que entre 30 y 60 millones de bisontes habitaban Estados Unidos a mediados del siglo XIX; sin embargo, hacia 1889, la población se redujo a solo unos cientos, debido principalmente a la caza masiva promovida por el Gobierno estadounidense para privar a las poblaciones nativas de su fuente principal de sustento.[8] Sin este recurso esencial, las comunidades fueron debilitadas, forzadas a abandonar sus tierras y desconectadas de sus prácticas sostenibles.

Cuando estos colonos tomaron el control de las tierras, desconocían cómo manejarlas adecuadamente. Practicaron una agricultura intensiva, sobrearando la tierra y agotando sus nutrientes sin respetar los ciclos naturales, lo que, combinado con condiciones climáticas extremas, resultó en el *Dust Bowl* de los años 30. Este fenómeno devastador, narrado en el libro *Los cuatro vientos*, de Kristin Hannah, trajo sequías y tormentas de polvo que destruyeron los cultivos, desplazaron a miles de familias y dejaron una huella ambiental significativa. Este es solo un ejemplo de cómo ignorar el conocimiento ancestral y explotar la tierra sin cuidado puede tener consecuencias graves y duraderas.

Y no solo hablo sobre el suelo y el terreno, sino también de las fuentes de agua cercanas que, con el aumento de los químicos y otras sustancias tóxicas, han recibido el impacto. Esos ríos y lagos, que alguna vez tenían abundancia de elementos y agua

---

[8] Bittel, J. (30 de agosto de 2022). «Donde habitan los búfalos, prosperan los ecosistemas en peligro de extinción». *National Geographic*. Disponible en <www.nationalgeographic.es/animales/2022/08/donde-habitan-los-bufalos-prosperan-los-ecosistemas-en-peligro-de-extincion?utm_source=chatgpt.com>.

potable, ahora están contaminados y es necesario purificarlos para su uso. El agua es y da vida, sin ella nos morimos.

> **Pausa reflexiva**
>
> Reflexiona sobre el lugar que habitas. ¿Qué era ese terreno antes de que estuviera el edificio o casa donde vives? ¿Qué plantas y animales se nutrían de ese espacio? ¿Qué les pasó luego de toda la construcción? ¿Cómo ese desarrollo ha impactado las comunidades humanas, animales y plantas que también se nutrían de ese terreno o cuerpo de agua?

Carol Schaefer, en su libro *Grandmothers Counsel the World*, menciona que las abuelas advierten que esa desconexión con la naturaleza es gran parte de los problemas que tenemos hoy día. Ellas hacen un llamado a reconectar con la naturaleza y a cuidarla y respetarla, como lo hacían muchos pueblos originarios del mundo. También advierten de peores consecuencias ambientales y eventos atmosféricos y naturales si no comenzamos a cuidar la naturaleza.

Imagina cómo sería el mundo si volviéramos a valorar y cuidar a la madre naturaleza como la fuente que nos nutre y sustenta. Si respetáramos a los animales como parte de su equilibrio y colocáramos su cuidado por encima de intereses económicos, podríamos reconectar con el ciclo natural de la vida. Al honrar a la madre naturaleza, estaríamos reconociendo nuestra interdependencia con ella y asegurando un futuro más armonioso para todos.

Ahora imagina cómo sería el mundo si realmente valoráramos a quienes nos dan la vida, a quienes la protegen y la sostienen. Si reconocemos y cuidamos a las madres y figuras maternas como se merecen, podríamos generar cambios profundos en nuestra sociedad, desde reformas políticas y leyes que las apoyen, hasta comunidades más conectadas con el bienestar de las familias. Este respeto y cuidado aliviaría su carga, impactando positivamente en la crianza de las nuevas generaciones y contribuyendo a sanar la herida materna que tantos de nosotros cargamos.

CONECTANDO CON LA MADRE NATURALEZA

Reconectar con la madre naturaleza ha sido una herramienta poderosa en mi propio camino de sanación y un paso clave para abordar la herida materna. A través de esta conexión, podemos aprender a recibir cuidado, protección y sustento, tal como lo haríamos de una madre. En los próximos párrafos, exploraremos diferentes maneras de fortalecer este vínculo: desde conectar con nuestro cuerpo, los reinos naturales y los cuatro elementos, hasta sintonizarnos con los ecosistemas, los ciclos de la naturaleza y la inmensidad de las estrellas y el cosmos. Cada paso nos invita a sanar, nutrirnos y encontrar refugio en lo que la naturaleza nos ofrece.

Conectando con nuestro cuerpo

Nuestro cuerpo es el portal hacia la naturaleza tanto exterior como interior. No solo estamos compuestos con los mismos materiales y sustancias que ella, sino que es a través de nuestros sentidos que conectamos con la naturaleza exterior.

- Nuestros ojos disfrutan del brillo dorado del sol atravesando los árboles en la mañana, del verde intenso de las palmas y helechos, y de los colores vivos de las flores y la vida silvestre.
- Nuestros oídos escuchan el canto de los pájaros, el susurro del viento entre las hojas, el sonido suave del agua en un arroyo y el rugir de las olas del mar.
- Nuestro olfato percibe el aroma fresco de la tierra mojada después de la lluvia, la dulzura de las flores, el olor a pino en el bosque y el aire salado del mar.
- Nuestro cuerpo siente la suavidad de la arena bajo los pies, la frescura del agua al tocar un arroyo, la textura áspera de la corteza de un árbol y la suavidad de las hojas a rozarlas.
- Y nuestra boca saborea el dulzor de una fruta madura, la frescura de la piña, los sabores únicos de las especias y el agua de coco recién salida.

Aparte de los cinco sentidos mencionados anteriormente, nuestro cuerpo también recibe *input* de información a través de otros sentidos, como el vestibular (responsable del equilibrio y la orientación espacial) y el propioceptor (que detecta la posición y movimiento de las partes del cuerpo), y el interoceptivo (monitorea las sensaciones internas del cuerpo).

En mi experiencia profesional, he observado que a las personas con relaciones tumultuosas o inexistentes con sus madres les resulta difícil identificar las sensaciones que perciben, especialmente las relacionadas con la interocepción. Para sobrevivir en sus hogares o ser validadas, muchas aprendieron a desconectarse de emociones como el coraje o la tristeza. Además, expresar emociones frecuentemente generaba conflictos con su madre: fueron rechazadas, criticadas o incluso maltratadas. Por eso, conectar con el cuerpo llegó a percibirse como una amenaza para su bienestar. Nuestro cuerpo y nuestras sensaciones son el puente que nos conecta con la naturaleza externa. Sin embargo, al desconectarnos de nosotros, también perdemos la conexión con ella.

Mi invitación es que emprendas un camino de reconexión con tu cuerpo y tus sentidos. Este proceso no solo te permitirá conectar con tu propia naturaleza interna, sino también con la naturaleza externa. A lo largo de este libro, incluí varias pausas de atención plena que te animan a regresar al presente a través de tus sensaciones o utilizando alguno de tus sentidos. Puedes transformar estas prácticas en un ritual diario. Al principio, podrías enfocarte más en tu entorno, y poco a poco integrar la conexión con tus sensaciones internas. En la próxima pausa de atención plena, seguiré este formato: primero lo externo, y luego lo interno.

Pausa de atención plena

Para comenzar, te invito a que te pongas en una posición cómoda y tomes tres respiraciones profundas. Ahora te invito a que respondas en voz alta o en tu mente las siguientes preguntas. Mira alrededor e identifica qué ves (por ejemplo: colores, formas, animales). Ahora reorientemos el enfoque a lo que escuchas, ¿qué sonidos percibes? Ahora reorientemos la atención a los olores, ¿qué olores percibes? Ahora reorientemos al tacto, ¿qué hace contacto con tu piel y cuerpo?, ¿cómo se siente (por ejemplo: suave, áspero, frío, caliente)? Ahora reorientemos al gusto, ¿qué sabores percibes?

Ahora reorientemos el enfoque hacia dentro. Escanea tu cuerpo de la cabeza a los pies suavemente, identificando las sensaciones en tu cuerpo; por ejemplo, si sientes tensión, dolor, frío o calor, hormigueo, adormecimiento, comezón o temblor. Nota las sensaciones sin afán de cambiarlas. Ahora reenfoca tu atención a tu respiración, a cómo se siente la inhalación y la exhalación, y cómo tus pulmones se expanden y contraen. Luego siente tu pulso y latido del corazón mientras identificas cómo tu corazón se contrae y relaja a la vez que bombea sangre a todo tu cuerpo. Ahora siente tu abdomen y los órganos que están en esa área, como el estómago, el hígado, los intestinos y los reproductivos. Ahora orientemos la atención a tus brazos, manos, piernas y pies, e identifica cómo se sienten estas partes. Terminemos este ejercicio tomando tres respiraciones profundas.

Respecto a la herida materna, nuestro cuerpo guarda memorias relacionadas con ella, como el posible rechazo o abandono, críticas, comparaciones, o no sentirnos amados. Por lo tanto, muchas veces preferimos no sentir el nudo en la garganta o en la boca del estómago, el calor en nuestra cabeza o el dolor en el corazón al pensar en nuestras madres. Y se entiende por completo. Cuando nos desconectamos de las sensaciones «negativas», también nos desconectamos de sentir las «positivas» como el placer, el calor reconfortante, la relajación, sabores y aromas que nos gustan, entre otras. Es por esto que recomiendo ir poco a poco reactivando esa comunicación consciente entre mente y cuerpo, para así expandir esas sensaciones placenteras y agradables.

Conectando con los reinos naturales

La ciencia categoriza cinco reinos naturales: *1)* animal, *2)* plantas, *3)* hongos, *4)* monera (incluye las bacterias), y *5)* protista (organismos unicelulares como las algas y demás microorganismos).

Cuando intentaba escribir esta sección, luego de varios borrones de párrafos, decidí salir y conectar con el mensaje de los animales y plantas en mi patio. Lo primero que experimenté fueron los rayos del sol en mi cara y en mi cuerpo. Reconocí cómo el sol ayudaba a las plantas y los árboles a hacer la fotosíntesis necesaria para su alimento. Observé a unos pájaros caminando por mi patio; pájaros blancos comiendo gusanos del suelo; otros cantando y susurrando, volando de árbol en árbol y buscando superficies como si jugaran. Miré a las abejas polinizando el único árbol con flores mientras volaban de una a otra. Me percaté de la brisa que ayuda a que el calor no se sienta tan caliente. Miré nuevamente a los pájaros, y me cautivó pensar que ellos cada día salen a buscar su alimento, confiando en que van a ser proveídos. Observé los árboles sin hojas, que parecen muertos, pero en realidad están dormidos y latentes, conservando su energía para pronto volver a florecer con la primavera. Pienso en la conexión que hay entre cada elemento en la naturaleza y cómo se apoyan los unos a los otros para sobrevivir.

Sentí la fuerza gravitacional en mis pies, soportándolos. Reflexioné sobre todos los animales que debían de estar debajo de mí, porque su hábitat es la tierra. Pensé en ellos y en cómo les había ido durante este invierno lluvioso, si les había ayudado a que el suelo y los nutrientes fueran más accesibles.

Reorienté mi enfoque a cómo cada elemento trabajaba y se apoyaba entre sí; a cómo algunos animales o plantas eran consumidos por otros y al morir volvían a ser «materia prima» para la naturaleza y otros animales, confiando en que luego de la lluvia vendría la calma y serían provistos. Pensé en cómo se conectaban con los ritmos naturales y cómo se preparaban cuando presentían cambios o temporadas de escasez.

Por último, reflexioné sobre su adaptabilidad. Esos animales y plantas habían experimentado muchas pérdidas en los últimos años, ya que su hábitat fue alterado en gran medida para la creación de viviendas y nuevos estanques de agua. ¿Cómo se adaptaron? ¿Cuáles no pudieron con los cambios? ¿Qué nuevos animales y plantas surgieron donde vivía? ¿Cómo había sido su experiencia de transporte y de adaptación a este nuevo hábitat? ¿Cómo podía ayudarles y reducir los daños?

Cuando relaciono lo anterior con las heridas maternas, pienso en cómo se ha perdido esa conexión natural de las madres con su naturaleza interna y externa: ¿Qué consecuencias ha traído esto en las relaciones que ellas tuvieron consigo mismas? ¿Con sus hijos? ¿Con sus parejas? ¿Con sus comunidades?

Pausa reflexiva

Cómo parte de ese proceso de sanación, les invito a conectar con la naturaleza alrededor. ¿Qué animales habitan en donde se encuentra su hogar? ¿Observas las interacciones entre sí? ¿Qué plantas cohabitan contigo? ¿Qué puedes hacer para no causarles más daño y para cuidarlos? ¿Cómo puedes conectar con ese orden natural que provee a muchos? Si tuvieras esa confianza de ser provisto, ¿cómo se sentiría?

Además, te invito a reflexionar sobre cómo eres provisto actualmente y sobre tu interdependencia con la naturaleza. Poco a poco, intenta cambiar tu interacción con tu entorno natural. De esta manera, irás dándole la vuelta al hábito de no darle importancia a la madre que nos crea y provee.

Algunas ideas para ayudarte en este camino incluyen:

1. Mira alrededor e identifica cómo los elementos naturales te ayudan. Por ejemplo, la madera que fue utilizada para tus muebles y hogar, los animales y plantas que consumes, así como los materiales que usas en las prendas y utensilios de sobrevivencia.
2. Comienza a crear relaciones más recíprocas y de cuidado con la naturaleza. Por ejemplo, no malgastar y evitar crear mucha basura, el reciclaje, minimizar el daño al hábitat en el que vives (y al planeta), cuidar tus plantas y animales.
3. Reconoce tu rol en el orden natural y cómo estamos interconectados. Al tener una mirada de interconectividad, podemos reconocer que, cuando no cuidamos y maltratamos a la naturaleza, esto repercute en nosotros, ya sea en menor alimentación, mayor contaminación, cambios atmosféricos más drásticos, entre otros.
4. Unirte a causas locales de ayuda al medioambiente y a los animales. Ellos necesitan nuestro cuidado.

Conectando con los cuatros elementos naturales

Fuego

Comienzo con el fuego, porque es con el que más conecto yo. Desde el punto de vista de la astrología de occidente, mi sol y luna están en signos de fuego, Leo y Aries (correspondientes), y mi ascendente en Piscis. Soy una persona con mucho fuego interno, medio impulsiva, pasional, y tomo decisiones lanzándome al abismo, sin ver hacia dónde voy ni conocer el próximo paso. De hecho, la escritura de este libro se debe a ese fuego interno, además de mis guías y ancestros, que me impulsa a seguir hacia delante.

El fuego es muy poderoso, tiene el potencial de destrucción masiva, pero también nos cuida al ofrecer el calor para cocinar y matar las bacterias u otros organismos que nos pudieran enfermar, así como para sobrevivir al regular nuestra temperatura corporal. Para la tradición de la medicina china, el calor es considerado como una fuerza vital que proporciona energía y vitalidad al cuerpo. Para muchas comunidades indígenas, era importante también que el cuerpo no experimentara frío, ni por caminar descalzo en superficies frías, ni por salir con el pelo mojado y sin abrigo suficiente.

Ambos lados del fuego, el destructor y el que da energía, salud y vitalidad, los comparo con la energía materna y los arquetipos de la madre. La madre que en su vientre calientito gesta vida. La madre que está dispuesta a destruir lo que sea por proteger a su cría. La madre que envuelve a su criatura en sábanas y cobijas para protegerla. La madre que pone una venda en su vientre y busca el calorcito para recuperarse del parto. Y también la madre impulsada por la rabia que destruye a sus crías y a sí misma.

El fuego trae luz en medio de la oscuridad. En el camino de sanar las heridas maternas amándolas, utiliza el fuego para iluminarlas, para destruir programaciones internalizadas de una madre que nos hirió o que no nos pudo dar lo que necesitábamos, y para alquimizar los dolores mediante velas, temazcal (si está en tus prácticas espirituales y de linaje ancestral), sahumerios y quemando papeles llenos de nuestras historias de dolor.

Aire

El aire es un elemento vital para los seres vivos y la naturaleza. Su mezcla de nitrógeno, oxígeno, dióxido de carbono, neón, helio y más, nos ayuda a respirar, a que las plantas realicen la fotosíntesis y a que el fuego crezca.

Como humanos, no podemos vivir sin oxígeno. Luego de entre cuatro y seis minutos privado de este, el cerebro comienza a dañarse; después de diez minutos o más, el daño cerebral es irreversible y la persona puede morir.[9]

---

[9] Gora, A. (3 de enero de 2024). «How long can the brain survive without oxygen?». *Live Science*. Disponible en <www.livescience.com/health/neuroscience/how-long-can-the-brain-survive-without-oxygen>.

El aire nos da vida, literalmente. También nos ayuda a refrescarnos y bajar la temperatura corporal cuando hace calor. El aire contribuye a los sonidos de la naturaleza que pueden ser placenteros, como la brisa cerca de las costas, las hojas moviéndose en un árbol o planta, o hasta el timbre de campanas.

Cuando conecto con el aire, me gusta sentir cómo mi piel lo recibe. Los sonidos que hace. Cómo mueve mi pelo y ropa. Y cómo, al poner las manos en diferentes direcciones, siento su fuerza. En esos momentos, me oriento hacia la capacidad de recibir del viento su «nutrición» y «ayuda», conectando con esa energía materna de sostén.

En días calurosos, me fascina salir y sentir cómo la brisa refresca mi cuerpo. Crecí en un pueblo pequeño al este de Puerto Rico, Humacao, en una casa en la montaña. Uno de los pasatiempos favoritos de mi abuela era sentarse en su balcón «pa' coger aire». En ese balcón chismoseábamos, comíamos, reíamos y compartíamos. Ella siempre decía que ese lugar de la casa era su favorito, no solo por la brisa, si no por la hermosa vista del valle de Humacao, del Mar Caribe al fondo, y de la isla «nena» Vieques.

También experimenté la fuerza destructora del viento durante las tormentas y huracanes. En momentos así, la brisa o, mejor dicho, las ráfagas causaban miedo por su sonido tan particularmente aterrador. Es interesante apreciar cómo la misma brisa, que puede ser refrescante para el calor, es capaz de destruir casas y causar la muerte de muchas personas, así como los arquetipos de la madre que mencioné anteriormente.

Cuando necesites refrescarte, conecta con el viento, recíbelo en tu piel, nota cómo hace contacto con tu ropa y cabello, con las plantas, y presta atención a los sonidos que hace. Permítete recibirlo y nota cómo se siente. Además, utiliza este elemento para promover soltar (dejar ir en el viento) esas ideas, pensamientos y memorias de dolor por la herida materna que cargas, de manera metafórica o hasta literal (por ejemplo, toma un diente de león y, mirando sus finos pétalos blancos, menciona en voz alta lo que estás soltando y sóplalo; observa cómo vuelan y caen los pétalos).

Agua

El agua es fundamental para que nuestro cuerpo funcione bien. Nos mantiene hidratados, ayuda a regular nuestra temperatura, transporta nutrientes y elimina desechos. Sin suficiente agua, nuestro cuerpo no puede trabajar correctamente y podríamos enfermar. Por eso es tan importante beber suficiente agua todos los días. Si pasamos más de tres a cinco días sin tomarla, estaríamos en riesgo de morir.

Imagínate el nivel de nuestra conexión con el agua y la naturaleza si en esencia somos alrededor del 60 o 65% agua, y la Tierra, del 70% agua. Nuestra primera experiencia en esta vida, si partimos desde el embrión, es flotar en el líquido amniótico dentro del útero materno, un entorno acuoso fundamental para nuestro desarrollo inicial. El agua nos nutre, nos purifica y nos conforta.

En mi caso, mis dos partos fueron en agua, así que mis hijos entraron a este mundo por medio de este elemento.

El agua me confortó y alivió los dolores durante los pujos y el nacimiento, y durante las 27 horas de parto, estuve deambulando entre la regadera y la tina de baño. El agua caliente me aliviaba de los dolores, del miedo y de la incomodidad del proceso del parto.

Para muchas comunidades indígenas, el agua es algo muy especial. No solo es esencial para vivir; también es sagrada. La ven como algo que conecta con la tierra y sus antepasados, y la utilizan en rituales importantes para limpiar y agradecer. Estas comunidades creen que el agua es un regalo que debe ser cuidado y protegido para las generaciones futuras.

En tu proceso de sanar las heridas maternas, permite que el agua te ayude a «lavarlas», limpiando y purificando las emociones dolorosas para que fluyan y se liberen. Puedes sumergirte en baños terapéuticos con sales minerales, hierbas o flores, nadar en el mar o en un río sagrado, o simplemente dejar que el agua corra sobre tu piel en la regadera. Permite que el agua te envuelva con su suave abrazo y te ayude a sanar desde adentro hacia afuera. Si lo sientes adecuado, también puedes buscar el acompañamiento de una terapeuta especializada en agua para guiarte en este proceso.

Una de mis experiencias más hermosas de sanación fue con mi amiga Rocío Navarro (@waterhealing). Ella se especializa en ofrecer sesiones de sanación en el agua. Antes de realizarla, yo juraba que iba a ir directo al parto o a otra experiencia que, pensaba, sería traumática, porque es lo que mucha gente cuenta. La realidad fue de completo rendimiento y confianza, y los recuerdos que llegaron a mi mente en medio del casi trance fueron unos muy felices y placenteros de mi niñez. Claro está que fue importante mi confianza en Rocío y que su profesionalismo y manera de hacerme sentir segura contribuyeron grandemente a que me pudiera «rendir» plenamente a sus brazos y movimientos dentro del agua. Cuando en la sesión posterior hablamos sobre lo ocurrido, pude integrar lo bueno de mi vida.

Tierra

El elemento tierra es fundamental para los alimentos que consumimos. Es el hogar de la mayoría de las plantas, de muchos animales, y el nuestro. La calidad del suelo determina el éxito del cultivo de las plantas que consumimos, y que muchos animales necesitan también para su existencia. Muchas comunidades no subsistieron cuando los suelos en dónde vivían se contaminaron o perdieron su fertilidad por diversas condiciones. Sé que es algo que muchas veces damos por sentado, pero la calidad del suelo y la tierra es superimportante.

Aunque vengo de un agricultor, mi abuelo, y de familias que cosechaban alimentos en sus patios —aguacates, panas (panapén), plátanos, etc.—, no fue hasta en mis casi 40 años de vida que me interesó saber más sobre la cosecha de alimentos. Pero tuve que aprender con cursos, porque mis abuelos ya no estaban para enseñarme cómo lo hicieron ellos. Tomé un curso de hierbas medicinales en el que la maestra nos dio semillas de seis hierbas diferentes. Aprendí de la variedad de tierras para la siembra y compré la que ella nos recomendó. Seguí las instrucciones de las semillas que requerían que las guayara, las que preferían ser enterradas a mayor profundidad, las que preferían enterrarse juntas y las que debían ser refrigeradas antes de ser sembradas. Las sembré, las tapé, supervisé el nivel de humedad, y también les puse una luz para promover su crecimiento.

Cada día les ponía agua y prendía la luz artificial o las acercaba a la ventana para que recibieran la luz natural del sol. Amaba ir en las mañanas para ver si ya habían germinado. Recuerdo con mucha alegría cuando vi el primer puntito verde, y luego cómo crecía día a día. Para mí fue muy impresionante ver el potencial que cada semilla carga cuando se le brinda las condiciones ideales para su crecimiento. Luego de que crecieran y maduraran, tomé una hoja de menta de bálsamo *(melissa officinalis)* y creé una tintura que uso como remedio para la ansiedad y los nervios. Ser parte de todo este proceso me conectó con la madre naturaleza y su manera de proveer remedios y sustento alimenticio.

La tierra produce, además, remedios para condiciones, enfermedades y hasta primeros auxilios. En donde vives, ¿qué alimentos se producen? ¿Qué remedios naturales provee ese terreno? ¿Qué animales que consumes se alimentan de las plantas y seres vivos de ese terreno?

La calidad de la tierra, además, tiene un impacto en nuestra salud. En estudios recientes, se ha encontrado una conexión entre los microorganismos de la tierra y nuestro microbioma (composición de bacterias y microbios que tenemos en el cuerpo) resaltando la importancia del contacto con la tierra y el suelo para mantener una microbiota saludable.[10] Estos estudios mencionan que la falta de contacto con la tierra y las heces, el aumento del uso de antibióticos, productos antibacteriales, y una dieta baja en fibra y basada en comida procesada han contribuido a la pérdida de microbios benéficos para los humanos. A la vez, el estudio menciona que el terreno ha perdido la biodiversidad por el uso de químicos en la agricultura y en prácticas que no cuidan el terreno. Estos factores han concurrido con un aumento de condiciones o enfermedades relacionadas con el intestino.

Respecto a la sanación de tu herida materna, te invito a que conectes con la tierra que habitas, que la observes y aprecies todo lo que te provee. Cuando consumas platillos y alimentos locales, conecta con la tierra que proveyó los minerales y otros elementos esenciales para que se dieran. Si el terreno donde vives es adecuado, te invito a que camines descalzo y que sientas la tierra con tus manos. De igual forma, puedes utilizar cristales y otros elementos de la tierra para apoyarte en ese proceso de sanación; hay algunos con propiedades sanadoras.

---

[10] Blum, W. E. H., Zechmeister-Boltenstern, S. y Keiblinger, K. M. (2019). «Does Soil Contribute to the Human Gut Microbiome?». *Microorganisms* 7(9), p. 287. doi: 10.3390/microorganisms7090287.

Conectando con los ecosistemas

Un ecosistema es un área geográfica compuesta por animales, plantas y otros organismos, con un clima y un paisaje particulares. Cada ecosistema tiene su propio sistema y, cuando lo mires con curiosidad, podrás ver la interconectividad entre los organismos, el clima y el paisaje.

Yo he vivido en diferentes ecosistemas: el tropical (Puerto Rico), el desierto (California) y el subtropical (Florida central). En Puerto Rico gozaba de los árboles frondosos, la brisa en las montañas, los coquíes, las flores de amapola que florecen todo el año y la lluvia y los relámpagos. También pasé por varios huracanes y tormentas; experimenté su furor y fuerza, y fui testigo de que, después de la destrucción, la naturaleza se restauraba más resplandeciente. En California amé las flores hermosas que florecían todo el año, sus pajaritos —en especial el colibrí—, su topografía en las costas, el cielo usualmente despejado y de un azul resplandeciente, y el mejor clima en el que he vivido. En Florida disfruto de las hermosas playas, los manantiales de agua fresca y transparente, y los pájaros y águilas en donde vivo.

Conecto con la energía de la Gran Madre disfrutando de los alimentos que consumo en cada ecosistema, siendo curiosa hacia lo que hay en cada lugar y reconociendo cómo me nutre y ayuda. La invitación que te hago es la de conectar con tu ecosistema y reorientar tu mirada hacia cómo te nutre para que recibas su energía maternal. Busca cómo relacionarte con él de manera más respetuosa, honrando y agradeciéndole su colaboración en tu subsistencia en este planeta.

Conectando con los ciclos estacionales

Este es uno de los aspectos que más recientemente he integrado en mi vida. Tiene sentido que no estuviera tan sintonizada con estos cambios, ya que crecí en una isla donde la mayoría del año la temperatura se mantenía constante y la vegetación no reflejaba ningún cambio. Hay gente que argumenta que ni en California ni en Florida hay cambios de estaciones, porque no cae nieve y los árboles no pierden sus hojas. Sin embargo, sí hay variaciones en la temperatura del mar, el clima, la flora y fauna. No importa si los cambios son drásticos o sutiles en cada estación del año; lo esencial es observarlos y notar si impactan en tu estado anímico y corporal. En general, hay un ciclo que va desde la siembra y los primeros brotes hasta la recolección y el descanso. En la naturaleza, este ciclo se ve influenciado por los cambios de temperatura, la cantidad de horas de luz solar y la vegetación.

Al conectar con la energía de los ciclos de la Gran Madre, una recomendación es conocer aquellos presentes en donde vives, los de la luna o tu ciclo menstrual —si tienes uno—, y fluir de acuerdo con ellos. Cuando logras fluir en tu ciclo, se ejerce menos control o presión en la vida, en los demás y en ti mismo.

Para sanar la herida materna, te invito a que transites el camino con pausas y de manera cíclica, identificando cuándo te toca pausar y descansar o darle fuerza y ánimo al proceso de sanación. En la fase de «descanso», se propicia la integración de la información y del trabajo realizado, para que así se dé espacio a lo nuevo. Por ejemplo, tómate un descanso de leer sobre el tema, de hacer ejercicios o meditaciones al respecto, de terapia, y de comunicarte con tu mamá. En esos descansos, le das la oportunidad a tu cuerpo y alma de que integren lo que se necesita para brindarte nuevas perspectivas sobre tu mamá, sobre ti, sobre cómo maternarte, entre otras.

Conectando con las estrellas y el cosmos

Esta conexión la he realizado en mayor medida durante los últimos dos años. En especial, he conectado con la luna, el sol y los planetas.

Conecta con la luna

Desde que tuve a mi hija, y la nombré Luna, mi relación con el satélite ha cambiado grandemente. Los primeros calendarios de los que tenemos registro se basaron en las fases lunares y en la posición de los planetas.[11] La luna afecta las mareas, estabiliza

---

[11] Barchilón, M. (25 de febrero de 2020). «Historia de los calendarios». *La Vanguardia*. Disponible en <https://www.lavanguardia.com/vida/

la inclinación del planeta Tierra y contribuye a regular el clima.[12] Además, afecta el humor de los humanos (de aquí surge el término *lunático*), su sueño; las mujeres embarazadas tienen más probabilidad de dar a luz en luna llena;[13] ha servido de guía para el cultivo de plantas, y afecta a los animales.

Llevo varios años aprendiendo de los ciclos de la luna y su influencia en mi humor, ciclo menstrual y energía. Esto he aprendido:

1. **Luna nueva | Menstruación:** Es un momento de introspección, de iniciación y de reflexión. Algunas personas la ven como una fase de morir/renacer. Se recomienda mucho descanso.
2. **Luna creciente | Fase folicular:** Fase de renacer, de energía y dinamismo y de preparación para la ovulación. Se recomienda aprovecharla para tomar acción hacia metas y cosas que se quieran hacer.
3. **Luna llena | Ovulación:** Fase de mucha energía, dinamismo y sociabilidad. Se recomienda aprovecharla para tomar acción.

---

junior-report/20200224/473743933476/historia-calendarios-astronomia-tiempo-cultura.html>.

[12] Wei-Hass, M. (9 de julio de 2019). «¿Por qué tenemos la Luna y cómo afecta a nuestro planeta?». *National Geographic*. Disponible en <https://www.nationalgeographic.es/espacio/2019/07/por-que-tenemos-la-luna-y-como-afecta-nuestro-planeta>.

[13] Geddes, L. (7 de septiembre de 2019). «Cómo las fases de la Luna alteran nuestro comportamiento y afectan nuestra salud mental». *BBC News Mundo*. Disponible en <https://www.bbc.com/mundo/especial-49442209>.

4. **Luna menguante | Fase lútea:** Un óvulo fue liberado y, si no se fecunda, el sistema se prepara para la menstruación. Es una buena etapa para completar proyectos y cerrar capítulos.

En las personas menstruantes cada ciclo es particular y no siempre está alineado con la luna nueva o llena, lo importante es reconectar con tu ciclo y llevar una vida más alineada con él. Las personas que no menstrúan pueden seguir el ciclo de la luna, y si no, las invito a llevar un diario por tres meses en el que anoten cómo se sienten en general respecto a su humor, emociones, conductas y energía. Una vez que terminen, busquen un patrón, y noten cómo se sentiría alinearse a este.

Conecta con el sol

El sol es mucho más que una simple estrella. Es el pilar fundamental de la vida en la Tierra, proporcionando la energía, el calor y la luz que necesitamos para existir. Sin su influencia, nuestro planeta sería un lugar inhóspito, desprovisto de vida y color. El sol calienta los mares, impulsa los vientos, genera las estaciones del año y alimenta a las plantas, permitiendo así la producción de alimentos y oxígeno vitales para todos los seres vivos.[14]

---

[14] Redacción National Geographic. (31 de octubre de 2023). «Cuál es la importancia del Sol para la vida en la Tierra». *National Geographic*. Disponible en <www.nationalgeographicla.com/espacio/2023/10/cual-es-la-importancia-del-sol-para-la-vida-en-la-tierra>.

En las antiguas mitologías y leyendas, el sol era venerado como un dios, una entidad divina que otorgaba vida, conocimiento y poder a la humanidad. En historias como la de Prometeo, podemos constatar cómo el astro ha sido adorado y reverenciado a lo largo del tiempo por diferentes civilizaciones.[15] ¿Cómo veneraban tus ancestros al sol en los rituales y ceremonias de los pueblos originarios?

El sol también nos ofrece una lección de constancia y fuerza. Como mencionó Mariana Rittenhouse, una maestra de ceremonias y reconexión con la madre tierra, el sol representa la energía masculina de consistencia y poder. Cada día sale y se pone, cumpliendo con su tarea sin falta, lo que nos recuerda la importancia de la constancia y la vitalidad en nuestras propias vidas.

Pero el sol no solo nos brinda calidez y energía espiritual, también es esencial para nuestra salud física y mental. La exposición al sol nos permite producir vitamina D, crucial para la absorción de calcio y el fortalecimiento de nuestros huesos y músculos. Además, la luz solar estimula la liberación de serotonina en nuestro cerebro, mejorando nuestro estado de ánimo y haciéndonos sentir más tranquilos y concentrados. Así que, recordemos siempre aprovechar la energía y la luz del sol, para nutrir tanto nuestro cuerpo como nuestra alma.[16]

---

[15] Redacción. (16 de octubre de 2022). «El mito del dios Sol y otros fascinantes detalles de la estrella que rige la vida en la Tierra». *BBC News Mundo*. Disponible en <www.bbc.com/mundo/noticias-63260190>.

[16] Mosley, M. (12 de febrero de 2022). «Los beneficios de tomar el sol para el corazón, el ánimo y el sistema inmune (y durante cuánto tiempo se

Conecta con los planetas y las estrellas

Durante siglos se ha debatido científicamente si los planetas y estrellas nos afectan de algún modo, más allá de que tengan un impacto en el planeta Tierra. Sin embargo, según mis amigas astrólogas y las que he contratado para lecturas y cartas natales, me han comentado que muchos políticos y empresarios de grandes compañías reciben consultoría de astrólogos durante su carrera y para tomar decisiones importantes.

Aunque este tema me genera mucha curiosidad, se trata de uno muy complejo, por lo que hablaré mayormente de mi experiencia. Comencé a buscar lecturas anuales y cartas natales hace varios años con el fin de escoger fechas precisas para lanzar programas, mudarme, viajar y aclarar dudas sobre situaciones que se repetían.

De igual forma, he sentido el impacto de algunos retrógrados, en especial los del planeta Mercurio (problemas con la comunicación), y los de Venus (durante uno reciente terminé una amistad que tenía desde la infancia). También he notado cómo unos periodos difíciles en mi vida han pasado bajo unos tránsitos particulares. Además, he visto situaciones y conflictos en el mundo que ocurren durante unos tránsitos particulares; como la pandemia del covid-19 (la conjunción de Saturno y Plutón en enero de 2020, y la entrada de Saturno a Acuario en marzo del mismo año).

---

recomienda hacerlo)». *BBC News Mundo.* Disponible en <www.bbc.com/mundo/noticias-59929094>.

La conexión con la luna, el sol, las estrellas y el cosmos se puede aplicar en la sanación de la herida materna. Busca a algún astrólogo de tu preferencia para que explore algunas posiciones de planetas que influyan en tu carta natal. También puedes conectar directamente llevando un diario de vida en el que describas las situaciones que pasaste con tu mamá, y las actuales; ahonda en qué estaba o está pasando en el cosmos a ver si te puede ayudar a entender mejor esas situaciones.

RECONECTANDO CON EL AMOR DE NUESTRA MADRE NATURALEZA

A lo largo de este capítulo, hemos hablado de diferentes maneras en que puedes reconectar con la madre naturaleza y recibir su amor y nutrición como parte de tu camino sanando la herida materna. Cuando somos capaces de conectar con una energía amorosa y nutritiva mayor, que es accesible a todos y todas por igual, es posible reparar esos vacíos generados por lo que no recibimos de nuestra madre, ya sea en la niñez, adolescencia o adultez.

Como he mencionado anteriormente: no importa la edad que tengamos, siempre necesitamos la energía maternal de nutrición y amor incondicional. Imagínate cómo te sentirías si supieras que eres amado incondicionalmente por una energía universal, ¿en qué sería diferente tu vida?

Tienes el potencial de conectarte en cualquier momento. A continuación, te resumo los pasos:

1. Escoge un aspecto de la naturaleza mencionado en este capítulo que te haya resonado más y comienza tu proceso de conexión con él.
2. Establece un plan consistente para conectar con el aspecto de la naturaleza que elegiste.
3. Conecta con tu cuerpo para identificar qué sientes al recibir ese apoyo y amor incondicionales.
4. Repite los primeros tres pasos con otro aspecto.

También hablé sobre la interdependencia que tenemos con nuestros hermanos y hermanas de la naturaleza y la importancia de cuidarlos. Hacerlo es esencial, ya que te ayudará a cambiar la internalización de desprecio hacia la madre de la que he te hablé. Hay veces en que se nos hace más fácil darle la vuelta al rechazo internalizado de lo materno a través de la naturaleza, en vez de nuestras madres. Sin embargo, conforme vayas modificando poco a poco esa internalización hacia una de honra y aprecio, se ampliará tu capacidad de agradecer y valorar a tu mamá por haberte dado la vida. De forma simultánea, es posible que se amplíe tu capacidad de «rematernarte», de la cual hablaré en el próximo capítulo.

CAPÍTULO 6
Sanando la herida materna

«La línea de las hijas»[1]

Soy la hija
de una hija.
Que es la hija
de una hija.
Que también es la hija
de una hija.
Algunas de nosotras somos madres
pero todas somos hijas,
todas nacidas a través de líneas
que vuelven a
esa Primera Madre.
Todas conectadas desde
el mismo principio.
Todas conectadas en el ahora.

---

[1] Fuente: <https://www.magoism.net/2021/03/poem-the-daughter-line-by-arlene-bailey/>.

Madres,
Hijas,
Abuelas,
Bisabuelas,
Tatarabuelas.
Todas hijas nacidas de
Un. Ovocito. Original
de
Una. Mujer. Original.
Entonces, ¿por qué la separación?
¿Por qué la animosidad hacia las demás?
¿Por qué discutir y pelear,
traicionarse y no brindarse apoyo?
La próxima vez que veas a otra mujer,
mira en sus ojos y ve las
Líneas ancestrales –las líneas de mujeres–
que llevan de vuelta a ti.
¿Adónde vamos, Madre?
¿Y cómo llegaremos allí, Hermana?
Permaneciendo conectadas, Hija,
y permitiendo la diferencia.
Porque cada una de nosotras es,
después de todo,
todas Hijas
de nuestra
Una Madre.

ARLENE BAILEY ©2020

Invitación ceremonial

Para esta invitación ceremonial necesitarás una flor, preferiblemente una rosa, aunque puedes elegir la que sientas adecuada según tu intuición. Recuerda que, si la vas a escoger del patio, te recomiendo pedir permiso antes de tomarla y ofrecer algo a cambio. Toma la flor en tus manos y, mediante tus sentidos, explora sus colores, forma, textura, olor, patrones, peso y demás. Luego, piensa en el dolor que llevas cargando por la herida materna y susúrraselo a la flor. Cuando termines, toma tres respiraciones profundas y, de manera intuitiva, pasa la flor por las partes de tu cuerpo en que sientes este dolor, confiando en que ella está brindándole confort y sanándolo. Recibe de la flor su sanación. Cuando sientas que ya has terminado, dale las gracias y suelta sus pétalos en la tierra, brindándolos como ofrenda.

DEFINIENDO LA SANACIÓN DE LAS HERIDAS MATERNAS

Sanar las heridas maternas no es un destino, es un camino. En ese camino, obtienes más herramientas para calmar tu sistema nervioso y regularte cuando tengas recuerdos de lo ocurrido o interacciones con tu mamá que te perjudiquen (o no tienes las que quisieras), así como observar tus emociones sin que te ahoguen y tener perspectivas diferentes. Verás poco a poco que los recuerdos y experiencias presentes con tu mamá o figura materna no te afectan de la misma manera que antes, o que su impacto dura menos. Vas a obtener nuevos significados y entendimientos sobre ti y tu mamá. Dejarás de definirte por tu dolor, perdonando lo que hiciste y fuiste para sobrevivir, y amando a todas tus partes, incluida tu sombra. Podrás cuidarte, maternarte, amarte y cumplir tus necesidades con más facilidad.

Varias teorías sobre el trauma, en especial en el modelo de EMDR (acrónimo en inglés para el modelo de desensibilización y reprocesamiento por medio de movimientos oculares) y las somáticas, hablan de que, cuando una persona experimenta un trauma, el recuerdo de este se desintegra y se guarda en diferentes zonas del cuerpo y el cerebro. Suelo vincular esto con la imagen de un rompecabezas cayéndose y perdiendo algunas piezas. Si eres como yo, me imagino que te frustra tener un rompecabezas incompleto y haces lo posible por encontrar esas partes perdidas. Asimismo, nuestro cuerpo y mente se sienten fragmentados, como si les hiciera falta algo, y hacen lo que sea para tratar de encontrar las «piezas» perdidas y poder integrar la memoria. Al hacer esto, ya no hay necesidad de mantener la búsqueda, que se manifiesta a través de recuerdos repentinos o *flashbacks*, o sueños sobre lo que pasó, entre otras formas.

Esta perspectiva se parece un poco a la idea de algunas comunidades aborígenes. A través de los chamanes y su proceso de ayudar a las personas a reclamar y reintegrar su alma, llaman hacia sí mismos las partes de esta que se quedaron estancadas en las experiencias traumáticas.

Mi maestra Paulina (del programa en el que participo restaurando el divino femenino a través de las enseñanzas de María Magdalena) mencionó en una de sus clases una idea muy parecida que me resonó. Ella explicó la importancia de reclamar las heridas que tuvimos, porque, al no hacerlo, parte de nosotras se quedaría anclada en esos momentos de dolor. Al reclamar nuestras heridas, podemos ser sus custodias. De esa manera, las cuidamos y les brindamos amor, para integrarlas a nosotras, y sanamos nuestra alma. En este sentido, pienso que el proceso de sanación de la herida materna implica reclamar las heridas para expresar el amor y cuidado que necesitan y así integrarlas a nuestro ser, ya que son parte de nosotros.

Mientras transitamos el camino de reclamación de las heridas, también es importante reclamar tus bendiciones, tus formas de ser y tus dones. Cuando experimentamos traumas y estresores con nuestras mamás o figuras maternas, muchas veces dejamos al lado partes de nosotros mismos para poder subsistir en la familia. Nos convertimos en lo que nuestra mamá, figura materna o familia quieren o esperan de nosotros. Esta inautenticidad nos va matando poco a poco.

En una entrevista al doctor Gabor Maté en el pódcast de Jay Shetty, él menciona que uno no es responsable de cómo reacciona otra persona. Uno sí es responsable de lo que dice y de sus acciones, pero no de la respuesta del otro. También menciona que, si no somos auténticos y buscamos complacer a los demás, lo que hacemos es crear resentimientos hacia esas personas. Añade que el miedo de perder la relación con la otra persona si se es auténtico contribuye a que seamos más falsos. El patrón de ser inauténticos por no perder vínculos es muy común en las relaciones familiares, con la madre o con la figura materna.

Pausa reflexiva

¿Cuántas veces no decimos «no» para evitar lastimar a nuestra mamá? ¿Cuántas decimos «sí» para que no se moleste? ¿Qué emociones y sensaciones vienen a tu mente al pensar en esto?

En el camino de sanación de las heridas maternas, te invito a que, poco a poco, integres las partes de ti que dejaste al lado, o más bien en un cajón cuya llave perdiste. En mi caso, ha sido un sendero de reclamación de mis curiosidades sobre temas y símbolos espirituales, priorizarme y ejercer una crianza en la que demuestro ser imperfecta. Y tú ¿qué estás reclamando?

Otro aspecto relevante en este camino es reconocer que cada ser humano pasa por lecciones particulares. Tal como dice el mensaje que canaliza Kerri Hummingbird Sami de la Mujer Búfalo Blanco en su libro *Love Is Fierce: Healing the Mother Wound*: «las lecciones de tus hijos no son tus lecciones. Tus lecciones no son las lecciones de tus hijos. Tu tarea es sostener el amor de manera constante ahora que lo has encontrado, con paciencia y amabilidad, mientras él [refiriéndose a tu hijo] encuentra su propio camino».

Bajo esa misma premisa, te invito a plantearte la idea de que las lecciones de tu mamá son diferentes a las tuyas y viceversa. Quizás las lecciones de ella eran de sacrificios, llevar a la familia a mejores condiciones financieras, enfocarse en sí misma, terminar relaciones abusivas, etc. Quizás así sea más sencillo dar el paso hacia la aceptación de lo que ocurrió y del pasado. Si estás leyendo este libro, lo más seguro es que entre tus lecciones esté la del camino de sanación de las heridas maternas. Si tienes hijos, quizás las de ellos serán distintas. Explorar y reflexionar sobre tus lecciones de vida te puede facilitar el camino para no perderte tanto. En mi caso, la manera en que exploré algunas de estas lecciones fue a través de los registros akáshicos. Mi amiga Cristina Sosa hace las lecturas y me ha ayudado entender más los temas principales de mi vida de acuerdo con los registros. Poder entender esto me ha dado mucha más claridad en mi camino de sanación. Si te interesa, puedes consultar información sobre ella en la sección «Recursos».

HERIDAS DE LA INFANCIA
POR LAS HERIDAS MATERNAS

Las heridas maternas ocurren mayormente en la infancia, durante esos años que vivimos con nuestra madre o figura materna. Muchas tienen lugar durante los años preverbales y cuando la memoria autobiográfica todavía no es accesible. En consecuencia, estas experiencias se graban en tu cuerpo y alma, pero sin dejar señales que te permitan entender a qué se deben determinadas sensaciones o conductas. Así me pasó a mí durante mi posparto de mi hijo. De manera visceral, presenté sensaciones de miedo por no saber relacionarme con mi bebé, y no las podía entender. El trauma intergeneracional que cargaba, heredado de mujeres que fueron separadas o rechazadas por sus madres, se hizo muy presente en mí.

Ya que me formé como psicóloga y llevaba años como especialista en niños y adolescentes, me di a la tarea de entender de dónde venían estas sensaciones. Pero eso no me quitó la culpa de «ser una mala madre» o de no ser una «mamá suficiente» para mi hijo. Yo quería ser una buena madre y desarrollar un apego saludable, pero algo se interponía entre nosotros, y con terapia, autoayuda y compasión, siento que he reparado lo suficiente para mi hijo. Sin embargo, esas memorias quedan en él, y espero que cuando salgan a la luz, reciba el apoyo y la claridad para repararlas. Quizás vea este libro como parte de mi legado hacia él, hacia mi linaje y hacia mi como niña.

Hay varias heridas en la niñez que se mencionan comúnmente: el rechazo, el abandono, la humillación, la traición, la injusticia. La mayoría se relaciona o fue ocasionada por la madre o figura materna. Por tal razón, cuando hablo de la herida materna, inherentemente se habla de estas. Aunque cada una tiene un aspecto particular, las heridas se pueden resumir en el rechazo que sentimos por parte de mamá y se expresa a través de lo siguiente:

1. Críticas hacia nuestra persona.
2. No nos permitían expresarnos verbal ni emocionalmente.
3. No querían tenernos.
4. Ignoraban nuestras necesidades.
5. Negligencia.
6. Abandono.

El rechazo hace que el deseo de pertenencia sea mayor. Claro está, la pertenencia a un grupo está ligado con la sobrevivencia humana; si no pertenecíamos a un clan, teníamos menos oportunidades de comer, protegernos contra los depredadores, ser cuidados cuando estábamos enfermos, etc. Desde la perspectiva de las constelaciones familiares y de lo sistémico, este deseo de pertenencia es lo que lleva a la persona actuar desde el «amor ciego» o «del niño», que implica ser una persona que no somos solo por pertenecer.

Con nuestras madres o figuras maternas, este deseo nos puede llevar a actuar y «ser» las personas que ellas quieren que seamos, sacrificando nuestros deseos, autonomía y felicidad. Lo más doloroso es que ser esa persona que tu mamá quiere (o que piensas que quiere que seas) no garantiza que ella te ofrezca lo que esperas a cambio: aceptación, amor, atención, etc. Hay personas que sacrifican toda su vida tratando de ser alguien que no son a cambio de ser aceptadas, y aun así no logran sentir que pertenecen. La otra opción común es ser uno mismo, aunque eso implique sacrificar la ilusión de pertenecer a tu sistema familiar. Y aunque esta vía te pueda traer mucha liberación, también conlleva pérdidas. Si pudieras elegir, ¿qué opción tomarías?

Por querer pertenecer, no nos escuchamos, abandonamos nuestras necesidades, nos hacemos daño, nos descuidamos, nos hablamos con crueldad y traicionamos nuestros deseos. Esta herida tiende a expandirse a otros ambientes donde haces todo lo posible por pertenecer. Entre estos se encuentra tu profesión o carrera, amistades, parejas, etc. Incluso se expande a contextos socioculturales como las comunidades que atiendes, ideaciones políticas o religiones.

Pausa reflexiva

¿Qué heridas de la infancia vienen
a tu mente cuando piensas en tu niñez?
¿Cómo se manifiestan en tu vida?

Te planteo una alternativa para que no te sientas entre la espada y la pared. Esta opción se basa en escogerte a ti desde una persona adulta que tiene una mirada amorosa hacia su madre o figura materna, que suelta el dolor que recibió, acepta a la mamá que tiene o tuvo, y se materna a sí mismo. ¿Te apuntas?

UNA MIRADA AMOROSA HACIA LA SANACIÓN

Cuando comencé a escribir el libro, estaba terminando un curso de constelaciones familiares en el cual hablaban de la fuerza del amor, pero en aquel entonces no podía comprender bien a qué se referían. Desde una mirada superficial, pensaba que el amor era decir cosas bonitas, complacer a los demás y darles todo; en esencia, desde la internalización de la mártir; de hacerlo por ellos y para ellos (en este caso, por y para la madre).

Esa perspectiva activó y fortaleció más mi «pero y yo». Sentía que el amor se trataba de sacrificios y sufrimiento —de nuevo, desde la internalización de los arquetipos de víctima y de servicio asociados a la mujer—. Además, mi niña interior refunfuñó más e hizo *tantrums* emocionales. Una de mis queridas maestras, Tere, me dijo, durante una de las constelaciones en las que estaba explorando algo que quise y no obtuve de mis padres, que lo que les pedía era desde mi soberbia infantil y desde el ego. En ese momento no podía entender bien el mensaje, pero fue como un jalón de oreja para despertar de la ilusión de que ellos (mis padres) me debían algo.

Además de esa formación en constelaciones familiares, sentí un llamado hacia explorar los conceptos del divino femenino, el despertar femenino, el divino masculino y María Magdalena. Ingresé a un curso de un año para restaurar el divino femenino a través de las canalizaciones que de María Magdalena, las Marías, las Magdalenas y de otros maestros ascendidos hizo mi guía Paulina. No fue hasta que comencé este curso que pude integrar lo que me había dicho la maestra Tere, lo que había aprendido de las constelaciones familiares y mi interés interno en ser guiada por un corazón que ama a todo y todos.

Este amor me empuja a promover que integres una mirada amorosa en tu camino de sanación, comenzando con el amor hacia ti, a través de ser gentil contigo mismo y compasivo y de brindarte lo que necesitas. No se trata de ignorar el dolor y las emociones que sientes o sentirás al procesar las heridas maternas, sino de permitirte sentirlas y que fluyan (que no se estanquen) para así regresar a ti, a tu verdad.

Tener una mirada amorosa te pide que veas a tu mamá como una humana que ha sido grandemente impactada por sistemas opresivos y traumas intergeneracionales y personales; que tomes en consideración los recursos que ella tuvo para tu crianza, las relaciones en las que estaba, el contexto sociopolítico del momento y su salud en general, recordando que nuestras sociedades modernas tienden a no valorar a las mujeres y a la maternidad. Adopta su perspectiva sin olvidar la tuya. El amor permite considerar varias perspectivas para evitar centrarte en una; permite ver el dolor de cada uno y brindar compasión a ambas perspectivas.

La invitación a una mirada amorosa también implica poner límites saludables, e incluso terminar relaciones que están dañándote, de manera que te brindes el amor que necesitas, ya que el amor es justo. Si sientes que es necesario ponerle pausa a la relación o comunicación con tu mamá, quiero que sepas que está bien. Sigue tu sabiduría interna. Lo único que te recomiendo es explorar desde dónde lo haces, y si es desde la ira o la expectativa de que sea de una manera diferente, espero que este libro y el trabajo que estás haciendo para sanar tu herida te ayude a soltar el resentimiento y la idealización, y que, aunque ocurra la separación, no guardes rencor hacia tu madre.

Por último, las constelaciones familiares nos brindan la noción sobre la importancia de honrar y agradecer a nuestra mamá biológica por darnos la vida, ya que eso es más que suficiente.

Pausa de atención plena

Orienta tu atención hacia tu respiración y nota qué tan profunda es. Toma varias respiraciones profundas. Orienta tu atención a tus pies, en donde hacen contacto con la superficie, que a su vez se apoya en la ley de gravedad. Orienta tu atención a tu corazón y a sus latidos. Luego a tu temperatura corporal. Mientras sigues tomando respiraciones profundas en las que las exhalaciones son más largas que las inhalaciones, escanea tu cuerpo y nota lo que sientes al escuchar la noción de honrar y agradecer a la mamá biológica por darte la vida. ¿Qué sientes? (Si necesitas calmar alguna sensación intensa, recuerda la técnica de pendulación y de titulación que mencioné en el capítulo 1). Finalmente, reorienta tu atención al espacio donde te encuentras identificando tres cosas a tu alrededor, tres sonidos, dos olores, dos texturas diferentes y, si tienes un vaso con alguna bebida cerca, toma un sorbito suavemente.

PREPARACIÓN Y RECURSOS DE AYUDA

Antes de continuar, te ofrezco dos recursos y recomendaciones para ayudarte en este proceso: crear un altar de sanación y conectar con una figura materna.

Altar de sanación

Crear un altar es un acto personal y significativo que puede adaptarse a tus creencias y preferencias individuales. Los altares han sido honrados por muchas culturas ancestrales. Esta práctica se comparte con respeto y gratitud, reconociendo su profundidad y significado. Aquí tienes algunos pasos sencillos para hacerlo:

1. **Elige un espacio:** Encuentra un lugar tranquilo en tu hogar donde puedas colocar tu altar. Puede ser una mesa pequeña, un estante, una repisa o cualquier otro lugar que te inspire calma y serenidad.
2. **Selecciona tus elementos:** Decide qué elementos quieres incluir en tu altar. Puedes optar por objetos relacionados con tu práctica espiritual, como velas, cristales, imágenes de deidades, símbolos sagrados, plantas, conchas marinas, incienso, libros sagrados, o cualquier otro objeto que tenga un significado especial para ti y que se relacione con la sanación o el estado que quisieras alcanzar.
3. **Limpia y purifica el espacio:** Antes de colocar tus objetos en el altar, limpia y purifica el espacio para eliminar cualquier energía negativa. Puedes hacerlo utilizando incienso, salvia, palo santo o simplemente visualizando una luz blanca que limpia y purifica, tomando en consideración tu linaje y haciéndolo de forma ética y responsable.
4. **Coloca los objetos:** Hazlo de manera armoniosa y significativa. Puedes organizarlos según tu intuición o siguiendo algún patrón simbólico que te inspire. Por ejemplo, puedes colocar objetos relacionados con los cuatro elementos (tierra, agua, fuego, aire) en cada esquina del altar.
5. **Establece una rutina de práctica:** Define una rutina o práctica espiritual que realizarás regularmente en tu altar. Esto podría incluir meditación, prender una vela, oración, visualización, rituales de gratitud, o cualquier otra actividad que te ayude a conectarte con tu espiritualidad y a encontrar paz interior.

Establecer una rutina te ayudará a aprovechar al máximo tu altar y a integrar tu práctica espiritual en tu vida diaria.

6. **Mantenimiento regular:** Programa un tiempo para mantener tu altar limpio y ordenado. Esto puede incluir limpiar los objetos, cambiar las velas, y recargar los cristales o cualquier otro elemento que lo requiera durante las lunas llenas o de otra manera.

Recuerda que tu altar es un reflejo de tu práctica espiritual y puede evolucionar y cambiar con el tiempo, según tus necesidades y experiencias. Lo más importante es que te inspire y te ayude a conectarte con tu espiritualidad de una manera significativa para ti.

Conectar con la figura materna

En la introducción mencioné diferentes recursos o figuras que podrían ser de apoyo en tu camino. Ahora me quiero enfocar en la figura materna a partir de la siguiente meditación.

◁●◁◇▷●▷

> Antes de comenzar, te invito a que busques un lugar tranquilo donde te coloques en una posición cómoda y bien apoyada, ya sea recostado o sentado.

Orienta tu atención al espacio en el que estás, observando tus alrededores, escuchando los sonidos y notando los olores que hay. Luego, si te es cómodo, cierra los ojos o pon la mirada en una posición fija y relajada. Si en cualquier momento esto no se siente bien, recuerda que puedes abrir los ojos y mirar tranquilamente hacia un punto.

Ahora vayamos hacia adentro, orientando tu atención hacia tu respiración. Nota la inhalación y la exhalación, así como tu temperatura corporal, comparándola con la del espacio. Y finalmente, ve hacia tu corazón, sintiendo los latidos y el pulso. Poco a poco, mientras sigues respirando a tu ritmo, te vas a imaginar que estás en un jardín, un jardín florecido, con tus flores favoritas. En este lugar también hay animales que te traen calma y paz, pudieran ser pajaritos cantando, mariposas coloridas volando alrededor de ti, o algunos otros. Mira hacia la derecha e imagina que hay un camino de tierra y que comienzas a avanzar en él. Al final del camino vislumbrarás una puerta grande, observa su color y el material del que está hecha. Pon tu mano en la perilla, y reconoce que al cruzar estarás en un lugar muy hermoso, muy tranquilo, en el cual vas a conocer a tu figura y guía materna. Toma una inhalación profunda y exhala lentamente para abrir la puerta con suavidad y pasar por ella. Entra al nuevo espacio; es muy bonito, con unos sonidos muy relajantes parecidos a los del agua, como el mar o el río, con pajaritos cantando, con una brisa refrescante. Con un sol brillante. Continúa caminando y observa que en el centro hay un árbol que tiene un columpio. Mira el árbol, el tronco, las ramas y las hojas. Acércate a él y siéntate en el columpio. Ahora mécete para adelante y para atrás, esperando con ansias poder conocer a esta guía interna, este recurso maternal.

Poco a poco emerge esta figura, que camina hacia ti de frente. Mientras se acerca, irás descifrando cada vez más su apariencia. Puede ser un animal, una persona o cualquier otra cosa que te brinde la sensación de lo maternal, que lo que busca es nutrirte, amarte, apapacharte. Cuando la figura se acerca más a ti, permítete mirarla y hacer contacto de la manera que te resulte más cómoda, ya sea diciendo «Hola», extendiéndole la mano o con un abrazo. Esta persona te toma de la mano y te conduce hacia otra área en la vereda, donde hay una manta sobre el piso. Mientras se sientan, pídele que te hable un poquito de ella: quién es, qué hace, cómo te cuida, qué señales te brinda cuando está cerca... Si lo prefieres, puedes recostar tu cabeza en su regazo, y permitir que esta persona te acaricie como lo haría una abuela muy cariñosa, que te hace sentir muy segura y en paz. Luego pregúntale cómo puedes contactarla cuando la necesites. Pídele un consejo sobre tu vida o sobre algo que te quiera decir para facilitar tu camino de sanación. Escúchala con calma.

Al final, si deseas hacer otras preguntas, ese es el momento. Visualiza que esta figura saca un objeto de su bolso y te lo entrega; te dice que es un regalo para que no te olvides de que siempre está contigo, de que siempre te está cuidando, de que vales mucho y de que te ama mucho. Recibe el regalo.

Ya es hora de comenzar a salir de aquí. Este espacio es para que te despidas de tu figura materna y, si quieres, le agradezcas. Se levantan del suelo y, poco a poco, cada quien parte hacia una dirección. Camina hacia la entrada de este hermoso lugar, llega a la puerta y, antes de abrirla, imagina que en una cápsula pones todo lo que pasaste para recordarte que esto es parte de tu imaginación, y que en cualquier momento puedes regresar aquí para repetir la experiencia o para otra cosa. Pon la cápsula en tu corazón. Abre la puerta, pasa y regresa al jardín inicial donde estaban las flores y los pajaritos.

Observa nuevamente y utiliza tus sentidos; visualiza que pasas por un portal que va a traerte al aquí y ahora a la cuenta de 10. Uno, dos, comienza a mover los dedos de las manos y de los pies. Tres, cuatro, cinco, empieza a orientarte en el presente, a escuchar los sonidos del espacio donde estás. Siete, ocho, siente tu temperatura corporal, tu pulso. Nueve, abre los ojos. Diez.

◁●◁◇▷●▷

En los próximos minutos, te recomiendo que tomes una libreta y un lápiz para escribir un poco de esta experiencia, y describir a tu figura materna a través de tus sentidos. Responde lo siguiente:

1. ¿Qué viste?
2. ¿Cómo hablaba o se comunicaba?
3. Si hubo contacto físico o caricias, ¿cómo se sentía?
4. ¿Qué olores tenía?

Mientras más vívida la experiencia, mejor. Después de que completes esto, reflexiona sobre el regalo que te dio, e idealmente, si es algo que puedes conseguir, búscalo y tenlo contigo o en tu altar. Además, te recomiendo que continúes conectando con esta figura materna, ya que puede ayudarte grandemente en este camino de sanación de heridas maternas.

Mis reflexiones

INVENTARIO DE NECESIDADES

Esta lista no está completa, anímate a completarla.

Conexión

- Aceptación
- Agradecimiento
- Coherencia
- Colaboración
- Compasión
- Comunicación
- Conocer y ser conocid@
- Conexión
- Confianza
- Consideración
- Cooperación
- Empatía
- Entender y ser entendid@
- Estabilidad
- Inclusión
- Interconexión
- Pertenencia
- Realidad compartida
- Reciprocidad
- Respeto/autorrespeto
- Seguridad emocional
- Ver y ser vist@

Bienestar físico

- Abrigo
- Agua
- Aire
- Alimento
- Comodidad
- Descanso/sueño
- Espacio
- Expresión sexual
- Intimidad
- Movimiento/ejercicio
- Protección/refugio
- Seguridad
- Silencio

Cercanía

- Afecto
- Amor
- Apoyo
- Calidez
- Cercanía
- Compañía
- Comunidad
- Contacto visual
- Cuidado
- Delicadeza
- Interdependencia
- Intimidad
- Placer
- Proximidad
- Reconocimiento

Celebración
- Alegría
- Celebración
- Diversión
- Humor

Autonomía
- Elección
- Espacio
- Espontaneidad
- Independencia
- Libertad
- Respeto

Integridad
- Autenticidad
- Honestidad
- Identidad
- Presencia
- Sinceridad
- Solidaridad
- Transparencia

Sentido
- Aprendizaje
- Auto-expresión
- Capacidad
- Claridad
- Clausura
- Conmemoración
- Comprensión
- Consecuencia
- Contribución
- Creatividad
- Crecimiento
- Descubrimiento
- Duelo
- Efectividad
- Eficacia
- Esperanza
- Estímulo
- Exploración
- Importar
- Participación
- Realización

Paz
- Armonía
- Belleza
- Comunión
- Equilibrio
- Espiritualidad
- Igualdad
- Inspiración
- Orden
- Quietud
- Soledad
- Tranquilidad

Mis necesidades
- _____
- _____
- _____
- _____
- _____

IDENTIFICA LAS HERIDAS

Esta fase requiere, en primera instancia, identificar la herida asociada a la relación (o no relación) con tu mamá o figura materna. Puedes hacerlo a través de los ejercicios brindados a continuación. Pero antes de iniciar, te recuerdo tomar en consideración tu estado emocional y en general de vida para evaluar la capacidad de manejar lo que surja de esta exploración. Apóyate en el capítulo 1, en la parte que habla de las destrezas de regulación.

Con el fin de apoyarte en esta exploración, te propongo unas listas de las necesidades más comunes de los seres humanos, y las emociones que surgen si no son satisfechas. Marca aquellas que no pudiste satisfacer con tu mamá. También marca las emociones que resultaron de ello.

A continuación, te presento unas preguntas por si necesitas indagar un poco más en las heridas.

Comencemos en el presente:

1. ¿Cómo es tu relación con mamá actualmente?
2. ¿Cuál es la frecuencia y calidad de tu comunicación con ella?
3. ¿Qué expectativas sientes que ella tiene hacia ti?
4. ¿Qué necesitas de mamá?
5. ¿Cómo quisieras que fuera la relación con mamá?
6. ¿Qué emociones vienen a tu mente al pensar en ella ahora?

7. ¿Qué sensaciones sientes en el cuerpo?
8. ¿Qué factores influyen en esto? (Por ejemplo: contexto sociopolítico, salud, situación financiera, traumas intergeneracionales o traumas en general).

En la fase de la niñez:

1. ¿Cómo fue tu relación con mamá cuando eras pequeña/o?
2. ¿Qué necesidades satisfacía? ¿Cuáles no?
3. ¿Qué emociones recuerdas que podías expresar con mamá? ¿Cuáles no?
4. ¿Sentiste amor incondicional por parte de ella? Si no, ¿cuáles eran las condiciones que tenía hacia ti?
5. ¿Cuáles eran las expectativas hacia ti?
6. ¿Cuáles expectativas tenías hacia ella?
7. Si llegaste a retarla o a llevarle la contraria, ¿qué pasaba?, ¿cómo reaccionaba?, ¿cómo esto te afectaba a ti?
8. ¿Qué factores influyeron a que así fuera la situación? (Por ejemplo: contexto sociopolítico, salud, situación financiera, traumas intergeneracionales o traumas en general).

En la fase de la adolescencia:

1. ¿Cómo fue tu relación con mamá durante la fase de pubertad y adolescencia?
2. ¿Qué necesidades satisfacía? ¿Cuáles no?

3. ¿Qué emociones recuerdas que podías expresar con mamá? ¿Cuáles no?
4. ¿Sentiste amor incondicional por parte de ella? Si no, ¿cuáles eran las condiciones que tenía hacia ti?
5. ¿Cuáles eran las expectativas hacia ti?
6. ¿Cuáles expectativas tenías hacia ella?
7. Si llegaste a retarla o a llevarle la contraria, ¿qué pasaba?, ¿cómo reaccionaba?, ¿cómo esto te afectaba a ti?
8. Si tuviste parejas, ¿cómo reaccionó ella?, ¿las aceptó?
9. ¿Qué factores influyeron a que así fuera la situación? (Por ejemplo: contexto sociopolítico, salud, situación financiera, traumas intergeneracionales o traumas en general).

En la fase de la adultez joven:

1. ¿Cómo fue tu relación con mamá durante la fase de adultez joven?
2. ¿Sentiste amor incondicional de parte de ella? Si no, ¿cuáles eran las condiciones que tenía hacia ti?
3. ¿Cuáles eran las expectativas hacia ti?
4. ¿Cuáles expectativas tenías hacia ella?
5. Si llegaste a retarla o a llevarle la contraria, ¿qué pasaba?, ¿cómo reaccionaba?, ¿cómo esto te afectaba a ti?
6. Si tuviste parejas, ¿cómo reaccionó ella?, ¿las aceptó?
7. ¿Qué factores influyeron a que así fuera la situación? (Por ejemplo: contexto sociopolítico, salud, situación financiera, traumas intergeneracionales o traumas en general).

Estas preguntas son una guía, pero no pretenden obtener todo el historial de la raíz del dolor con tu mamá, de tal modo que te recomiendo que pauses aquí. Si se te ocurren otras cosas relacionadas con no haber tenido la madre que necesitabas, escríbelas también, tomando en consideración el listado de las necesidades básicas del ser humano, y las emociones cuando tienes las necesidades satisfechas y cuando no.

SANANDO LAS HERIDAS

El proceso de sanar es uno multifacético y no lineal. Yo lo veo como una espiral en la que vas conociendo o topándote con pedazos de la herida, lo cual te (re)activa emociones y sensaciones que luego buscas gestionar, por lo que creas nuevas interpretaciones o repites las viejas, y así sucesivamente. Es un ciclo que continúa hasta la muerte.

Aunque es un proceso en el que «revisitas» partes de la herida o cosas que pensaste ya haber superado, es muy importante mencionar, razón por la cual quise mostrarte la idea de la espiral, que no las revisitarás desde la misma perspectiva que lo hiciste anteriormente. Ese nuevo lugar donde estás te brinda la oportunidad de explorar y sanar un poco más cada vez. Y puede que el impacto sea con menos fuerza o duración.

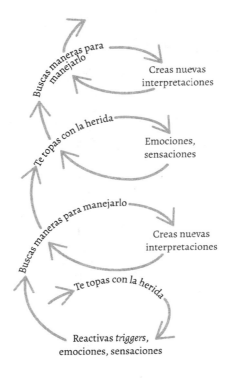

Te topas con la herida

Esta fase suele pasar cuando compartes tiempo con tu madre, cuando recuerdas algo con ella, cuando en una situación quisieras su apoyo o compañía, entre otros. Probablemente ya tengas un patrón de comportamiento cuando te topas con la herida, y apuesto que se relaciona mayormente con reacciones de estrés o trauma, como:

1. Peleas con ella.
2. Huyes o la ignoras.

3. La complaces para evitar que la situación empeore.
4. Te adormeces y pierdes contacto con el aquí y ahora.

Mi recomendación es reconocer, primero, cuál es tu patrón y luego determinar cuál te favorece dependiendo de tu intención en el momento. Por ejemplo, si estás en una etapa de vida con poca capacidad para tolerar las emociones y necesitas simplemente continuar, las reacciones anteriores te pueden ayudar a subsistir en esa situación. No hay juicios. Hay momentos y hay momentos para sanar. Lo importante es que cuando ya estés en un lugar seguro, seas capaz de soltar esa reacción por estrés o trauma para que no se estanque, no se generalice a otros espacios y no te afecte emocional, relacional ni físicamente.

Segundo, cuando estés explorando estas heridas, imagina que te estás poniendo unos lentes de mirada amorosa y compasiva contigo mismo, como usualmente lo eres con otras personas, sin juicios ni críticas. Solemos ser nuestros peores críticos, y esto no ayuda a que esas heridas (en especial las que son de edades más jóvenes) se sientan cómodas para expresarse. En vez de molestarte y hacer berrinches al verlas, respira profundo y salúdalas con un «Hola, (herida), te veo».

Estas heridas, y cómo se manifiestan en tu interior, son parte de ti, mayormente en lo que se conoce como «sombra» (esas partes que rechazas y ocultas). El vivir ignorándolas y rechazándolas no nos ayuda, lo que hace es perpetuar ahora los ciclos de opresión internalizada (ya no tiene que haber un perpetrador exterior, pues nos convertimos en nuestro propio perpetrador). Mejor trátalas con amor y amabilidad, porque son parte de ti. Siguiendo con la analogía de los lentes de amor y amabilidad, ¿cómo le brindarías amor a esas partes tuyas?

Manejando las emociones y sensaciones

Hay muchos modelos de manejo de emociones y de perspectivas. Aquí te presento la que utilizo mayormente con mis pacientes en la práctica psicológica.

1. **Identificar/etiquetar las sensaciones y emociones:** Mi mayor recomendación es que priorices describir las sensaciones más que las emociones, para promover quedarte en el cuerpo. Cuando le damos voz y voto, a la mente le fascinan los viajes de explicación, justificación e historias que, aunque muy interesantes, te pueden sacar de la experiencia.
2. **Asiente las sensaciones en tu cuerpo:** Quédate con la sensación, mientras no se ponga muy intensa la situación. Mientras más lo practiques, más conocerás tus límites. Usualmente en unos pocos minutos la sensación se suaviza, las lágrimas paran o disminuyen, y puedes sentir más calma. Aquí puedes usar las destrezas de pendulación y titulación, o los recursos que mencioné en el capítulo 1.

Creación de significados

Luego de haberte dado la oportunidad de sentir tus sensaciones y emociones, explora qué nuevos significados le das a la experiencia. Para esto recomiendo la escritura o la reflexión en silencio, hablar con alguien de confianza o en meditaciones.

DUELO DE LA MAMÁ QUE QUISISTE

Esta fase es una de las más dolorosas y potentes mientras sanas las heridas maternas. Y es una que, como la imagen de la espiral, revisitas una y otra vez, pero desde un lugar diferente en cada ocasión.

Imagina cómo sería tener una varita mágica para transformar la relación que tuviste con mamá en una donde recibieras todo lo que necesitabas. Aunque esa varita no existe, lo que sí existe es tu capacidad para sanar y resignificar lo que viviste. Ahora tienes el poder de trabajar con lo que pasó y convertirlo en una fuerza que te impulse.

También desearía que esa varita pudiera inspirar a tu mamá, si aún está viva, a reconocer sus errores y buscar reparar lo sucedido. Sin embargo, incluso si eso no ocurre, lo más importante es que tú puedes elegir cómo continuar tu camino. Tu sanación no depende de que ella cambie, sino de tu decisión de cuidar de ti mismo con amor y compasión.

Cuando pasamos por experiencias traumáticas y de dolor, muchas veces parece como si nos quedáramos estancados en esa fase —incluyendo la edad, las capacidades cognoscitivas y la etapa de desarrollo—. Por ejemplo, si pasó algo durante tus 4 años, cuando se detonan esos recuerdos, las emociones y la forma de pensar y entender el mundo son todavía basadas en ese niño de 4 años; en este caso, con poco manejo de emociones, con menor capacidad de paciencia y espera, con culpa o responsabilidad y con dependencia de un adulto para tu subsistencia. Por tal razón, cuando hablo del duelo de lo que pasó o no pasó con tu mamá, es importante ver las edades en las que pasaron los hechos determinantes. Más adelante, hablaremos de trabajar con tu niño interior.

Para este trabajo, recomiendo reflexionar sobre la mamá que quisiste y no tuviste o tienes. Esta reflexión la puedes dividir por etapas del desarrollo (niñez, adolescencia, adultez, etc.) o en categorías como antes y ahora. Puedes también regresar a los listados de las necesidades humanas y de ahí establecer cómo te hubiera gustado que fuera tu mamá.

Una vez que tengas claridad sobre esto, busca maneras para soltar la ilusión. Muchas personas se quedan estancadas en este punto, en especial las que usaban la fantasía como medio para enfrentar las situaciones estresantes o traumáticas. Si se te dificulta soltarlo, te recomiendo que te preguntes y evalúes qué te está brindando ese patrón (por ejemplo: evitar situaciones de dolor o recibir la atención de las personas).

Para soltarlo puedes hacer rituales (como el siguiente), escribir y deshacerte del escrito, hacer prácticas que incluyan ejercicios de escrituras (como el que ofrezco más adelante), oraciones, terapia, terapias energéticas, trabajo de sanación ancestral, entre otros. Este es un trabajo que requiere mucha paciencia porque, como te dije, cuando creas que ya estás del otro lado, surgirá algo nuevo.

Ritual para soltar a la madre que quisiste

Para este ejercicio, necesitarás papel, algo para quemarlo de manera segura, un espacio para hacer un pequeño altar que incluya elementos naturales y otros objetos que te brinden paz y seguridad, cuatro velas y un encendedor eléctrico. También necesitas tener suficiente espacio para colocar las velas alrededor de ti, siguiendo los cuatro puntos cardinales, contigo en el centro. Puedes poner música de relajación (puedes descargar la *playlist* que compuse para ello; dirígete a la sección «Recursos» para encontrarla).

> Sentado en el centro y mirando hacia la vela del sur, te invito a que tomes el encendedor y conectes con la fuerza del sol, como el mayor proveedor de fuego en este planeta.

Poco a poco enciende vela por vela en el siguiente orden: norte, oeste, sur y este.

Haz una pausa durante unos minutos, mira alrededor y asiente el apoyo que recibes. Lleva a tu mente a una figura materna y amorosa, ya sea una persona que conociste, un personaje ficticio, un ángel, una figura espiritual o religiosa o un lugar construido o natural. Siente su presencia en este espacio y cómo te sostiene y apoya en este proceso. No estás solo.

Con los ojos abiertos, mira tu entorno y menciona tres objetos que veas, dos sonidos que escuches y un olor que percibas. Siente la textura de tu cuerpo haciendo contacto con la superficie en la que estás. Ahora vamos hacia tu interior, ya sea con los ojos cerrados o fijando la mirada en un punto, lo que te haga sentir más cómodo. Nota tu respiración mientras inhalas y exhalas. ¿Cuál es la temperatura de tu cuerpo? ¿Es similar a la del cuarto o espacio en el que estás? Reorienta tu atención hacia tu corazón y pulso. Y desde el aquí y ahora reflexiona cuál es la intención que tienes respecto a soltar a la madre que quisiste tener. ¿Cómo te gustaría sentirte? Si soltaras esta expectativa, ¿qué cambiaría en tu vida?

En los próximos 5 o 10 minutos, te invito a que escribas en el papel la ilusión de la mamá que quisiste. Al terminar, te invito a que le des varios dobleces y, mientras lo haces, que digas frases como «te suelto», «te dejo ir», «te libero y me libero». Al finalizar, te invito a que leas la siguiente oración y luego quemes el papel en un artefacto seguro y en un espacio abierto y ventilado.

Querida mamá que quise:
Gracias por acompañarme durante estos años y,
de cierta manera, haberme brindado
una dosis de amor.
Ya crecí y esta ilusión no me es de ayuda.
Al contrario, se está interponiendo en mi proceso
de aceptación de la mamá que tuve para asumir
la responsabilidad de maternarme.
Así que te dejo ir.
Te libero y me libero de las ataduras de esta ilusión.
Gracias, gracias, gracias.

Mientras se quema el papel, observa cómo se destruye y en lo que se convierte. Soltar esta ilusión te ayudará a transformar tu dolor en amor. Cuando termines, puedes quedarte en silencio por unos minutos. Para cerrar, apaga las velas comenzando por la del este, luego la del sur, la del oeste y finaliza con la del norte. Hecho está.

Práctica de 21 días para soltar a la madre que quisiste

Antes de comenzar esta práctica, te invito a que consigas una libreta nueva que puedas usar como diario de vida para reflexionar al respecto. Además, necesitarás una vela idealmente blanca que vas a prender durante los 21 días de esta práctica.

Designa un momento del día al que puedas dedicar de 10 a 15 minutos. Prende la vela y toma de tres a cinco respiraciones profundas en las que la exhalación sea más larga que la inhalación. Céntrate en el presente y reflexiona en la pregunta del día. Concluye con una oración o aseveración como la siguiente:

> Me conecto a la frecuencia de la gran madre.
> A ese portal de nutrición, amor incondicional y apoyo.
> Recibo de ti la ayuda y guía para aceptar a la mamá
> que tuve. Para aceptar mi pasado. Para aceptar
> lo que no ocurrió y tanto quise. Para dejar ir esa ilusión,
> ver a mi mamá como la humana que fue, con sus dones
> y desgracias, y asumir desde el adulto que soy
> el rol de cuidarme y maternarme en el presente,
> así como a mi niño interior. Que así sea.
> Hecho está. Gracias. Gracias. Gracias.

Preguntas reflexivas:

- *Los primeros 7 días*: ¿Qué pasaría si suelto la ilusión de la mamá que deseaba tener? ¿Qué sería diferente? ¿Cómo me sentiría?
- *Los días 8 a 14*: ¿Qué emociones y sensaciones siento al reconocer que esa ilusión de mamá no existió ni existe?
- *Los días 15 a 21*: ¿Cómo es la mamá que sí tuve?

ACEPTANDO LO QUE OCURRIÓ

Este es uno de los pasos que considero más importantes y determinantes en nuestro camino de sanar las heridas maternas. Aceptar lo que pasó o no pasó con mamá. Y como mencioné antes, también caes en una espiral, en la cual vas aceptando diferentes aspectos y cosas a través de lo que vayas descubriendo a lo largo de los años.

Ejercicio para aceptar a mamá

Este ejercicio lo practiqué y aprendí en mis formaciones en constelaciones familiares. Requiere que tengas una imagen o foto de tu mamá. Si quieres, puedes invocar a la figura materna, un ancestro u otra guía que te acompañe. También te invito a prender una vela si quieres añadirla como elemento de protección o ceremonial.

>Paso 1: Posiciona la foto de mamá a la altura de tus ojos o más alta, en la pared, a una distancia de unos 15 pasos entre la pared y el punto de partida.
>
>Paso 2: Colócate lo más atrás posible y observa la foto de tu mamá. Nota cómo se siente tu cuerpo al pensar que vas a caminar y acercarte a ella para aceptarla tal y como es.
>
>Paso 3: Da pequeños pasos hacia delante hasta encontrar un lugar en el que te sientas cómodo. Puede que estar más al frente

de lo necesario te haga sentir mareado, y que estar muy atrás te impulse a avanzar. Escucha tu cuerpo e intuición y llega al punto ideal para ti en este momento. Si es necesario, puedes caminar hacia un lado o en diagonal, no es necesario quedar frente a frente. Si no te sientes capaz de mirarla, pausa e intenta en otro momento. No tienes que estar de pie para este ejercicio.

Paso 4: Desde tu espacio, menciona lo siguiente (o adáptalo): «Mamá, aquí estoy, soy tu hijo. Gracias por darme la vida. Tú eres la grande, y yo el pequeño. Yo te recibo tal y como eres. Tal y como eres. Eres perfecta para mí. Fuiste perfecta para mí. Gracias, gracias, gracias. Ya crecí, mamá. Y estaré tomando decisiones y viviendo la vida diferente a como tú lo hiciste. Te pido que me mires con buenos ojos cuando hago las cosas a mi modo. Aunque quizás nuestra relación no sea como tú quieres, quiero que sepas que te honro como mi mamá y te agradezco por darme la vida. Tomo la fuerza de vida. Gracias, gracias, gracias (aquí puedes añadir lo que quieras o concluir).

Paso 5: Finaliza el ejercicio.

Puedes repetir este ejercicio en otra ocasión.

SANANDO A MI NIÑO INTERIOR

Para el proceso de sanación del niño interior, me gusta enfatizar que no hablo de uno solo, sino de las diferentes edades y fases en que hubo dolor con tu mamá o figura materna. Primero se identifican las edades en las que hubo momentos difíciles con ella, o cuando no te dio lo que necesitabas. Luego, a través de meditaciones, visualizaciones o escritos, validarte y buscar satisfacer esas necesidades. Este proceso es muy lindo, y al igual que todo, es un proceso; sin embargo, se comienza estableciendo una relación con esos niños interiores.

Conecta con tus niños interiores

A continuación, te doy 5 recomendaciones para conectar con tus niños interiores:

1. *Visualización y meditaciones:* Puedes visualizar conectar con tu niño interior a través de tu imaginación o de meditaciones.
2. *Juego y creatividad:* Dedica tiempo a actividades creativas y lúdicas, como dibujar, pintar, bailar, cantar o jugar juegos de mesa. Haz las que te gustaban a ti.
3. *Escribir una carta:* Escríbele una carta a tu niño interior. Puedes expresarle amor, comprensión y apoyo, y recordarle que estás aquí para cuidarlo y protegerlo.
4. *Recrear actividades de la infancia:* Realiza actividades que solías disfrutar cuando eras niño, como columpiarte en un parque, jugar en la arena o simplemente correr al aire libre.
5. *Escuchar música:* Escucha canciones que te traigan recuerdos de tu infancia. La música puede tener un poderoso impacto

en nuestras emociones y puede ayudarte a conectar con tu niño interior de manera significativa.

¿Cuál otra añadirías? Este es un momento para ser creativo. Para algunas personas que tienen acceso a fotos o videos de cuando eran pequeñas, verlas les sirve para recordar su niñez y lo que les gustaba hacer.

Meditación para conectar con tu niño interior

Para comenzar con la meditación, te invito a que te orientes al presente mirando a tu alrededor. Si te sientes cómodo de hacerlo, puedes cerrar los ojos o mantenerlos abiertos, con una mirada suave y fija en un punto que trasmita relajación.

Después presta atención a tu respiración, ¿cómo se siente el aire mientras inhalas y exhalas? Oriéntate hacia tu temperatura corporal y compárala con la del espacio en el que estás. Finalmente, fija tu atención en tu corazón y en sus latidos.

Ahora te invito a que visualices frente a ti que estás llegando a un ascensor. Presionas el botón de espera con la flecha hacia arriba, y ves cómo se abren las puertas. Cuando entras, en el menú de botones hay uno que dice:

«Conectar con tu niño interior». Lo presionas y el ascensor va a comenzar a subir, a subir, a subir, a subir y a subir.

Llega al destino y abre sus puertas. Sales a ese espacio y observas cómo se ve alrededor. Visualiza que estás viendo tu línea de vida desde arriba. Abarca desde el momento del nacimiento, en el extremo izquierdo, hasta tu vejez, en el extremo derecho. Mientras observas la línea de tiempo, deja que tus ojos descansen en un punto particular de tu vida. Sin darle muchas vueltas, imagina que te lanzas a aquel momento para conectar con tu niño interior de aquella edad. Llegas a un espacio diferente, en el contexto en el que se encontraba tu yo más joven, pero será un espacio seguro contigo mismo. Incluso si llegas a un lugar donde no hay mucha privacidad, se creará una cápsula alrededor de ti y se paralizará todo lo que está pasando afuera. Los próximos segundos obsérvate en aquella edad. Mira la apariencia que tenías y qué cosas hacías.

Ahora te invito a que inicies una conversación con tu yo más joven, pregúntale cómo está, qué estaba haciendo, qué le gusta hacer. Escucha las respuestas que te da. Este es un buen momento para que le digas que vas a estar ahí para él o ella, que lo amas y que ahora te toca a ti protegerlo. Nota la reacción de tu niño interior. Si es necesario, busca una manera diferente de darle este mensaje, sin presionar. Esto es el inicio de una relación, así que hazlo con mucha calma y sutileza.

Para ir terminando, te invito a que le digas que puede contar contigo, y que no va a ser la primera ni la última vez que te verá. Pregúntale de qué formas le gustaría conectar contigo, y recuérdale que vas a regresar, ya que lo llevas en tu corazón. Despídete.

Sal de esa área elevándote hacia el lugar desde el que podías ver toda tu línea de tiempo. Desde allí, te invito a que les digas a tus diferentes niños interiores que vas a seguir conociéndolos.

Regresa al elevador y presiona el botón del primer piso. Comienzas a bajar, a bajar, a bajar y, mientras tanto, también llega la paz y entiendes un poco más el aquí y el ahora. Se abre la puerta del elevador, sales y sigues sintiendo y reorientándote en el presente, comenzando con los latidos de tu corazón. Luego con la temperatura corporal y la respiración. Finaliza abriendo los ojos suavemente y presta atención a lo que ves alrededor.

Al finalizar la meditación, te recomiendo que escribas sobre esta experiencia en un cuaderno.

Línea de tiempo

En un papel colocado en orientación horizontal, dibuja una línea y divídela en segmentos de cinco o diez años, dependiendo de tu edad actual. Por ejemplo, si tienes 30 años, te recomendaría dividirla en lapsos de cinco años. Luego, en la parte superior de la línea, coloca momentos positivos de tu vida, mientras que en la parte inferior coloca los momentos difíciles, identificando las edades en las que ocurrieron.

Identifica las necesidades de esas edades en general

A continuación, verás una tabla basada en la teoría de desarrollo de Erik Erikson. Aunque han surgido otras más complejas, considero que esta ofrece una mirada general que todavía es de mucha ayuda. Te invito a relacionar la tabla con las edades que identificaste en el ejercicio anterior como momentos difíciles. Observa la etapa con la que coinciden, en especial el conflicto (las columnas 3 y 4) y lo que se supone que habrías alcanzado si tu mamá o figura materna te hubiera ayudado a lograr la columna 3.

Etapas cognitivas (entendimiento)

También me gusta traer estas etapas a colación, porque cuando se trabaja la sanación del niño interior, es bueno hacerlo desde lo que ese niño en esa edad particular es capaz de entender. También te puede dar pistas de cómo hablarle y relacionarte.

Las etapas cognitivas de Piaget son:

1. **Etapa sensoriomotora (0-2 años):** Durante esta etapa, los niños aprenden sobre el mundo a través de los sentidos y

Etapas	Edad del sujeto (años)			Virtudes básicas
1	0-2	Confianza	vs. Desconfianza	Esperanza
2	2-4	Autonomía	vs. Vergüenza	Voluntad
3	4-6	Iniciativa	vs. Culpa	Propósito
4	6-12	Laboriosidad	vs. Inferioridad	Capacidad
5	Adolescencia	Identidad	vs. Difusión	Fidelidad
6	Juventud	Intimidad	vs. Aislamiento	Amor
7	Adultez	Generatividad	vs. Estancamiento	Cuidado
8	Madurez	Integridad	vs. Desesperación	Sabiduría

las acciones físicas. Desarrollan la coordinación motora y comienzan a comprender la permanencia del objeto. La sanación del niño interior de esta edad es mayormente con tacto, movimientos y posiciones, además de las palabras. Se trata de cómo le hablas a un infante.

2. **Etapa preoperacional (2-7 años):** Durante esta etapa, los niños desarrollan el habla, pero aún no pueden realizar

operaciones mentales lógicas. Tienen dificultad para comprender el punto de vista de los demás y tienden a ser egocéntricos en su pensamiento. Cuando conectes con tus niños de estas edades, háblales con sencillez y toma en consideración que probablemente se sintieron culpables, así que recordarles que no lo son les ayuda.

3. **Etapa de las operaciones concretas (7-11 años):** Durante esta etapa, los niños comienzan a comprender conceptos abstractos y a aplicar la lógica en situaciones concretas. Pueden realizar operaciones mentales simples y entender la conservación de la cantidad, la longitud, la masa, etc. Al conectar con tus niños de estas edades, ya podrás hablarles con mayor complejidad y dar ejemplos.

4. **Etapa de las operaciones formales (11 años en adelante):** Durante esta etapa, los adolescentes y adultos desarrollan la capacidad de pensar de manera abstracta y lógica. Pueden razonar sobre hipótesis, ideas y conceptos abstractos, y realizar inferencias lógicas más complejas. Al conectar con tu adolescente y adulto joven, ya puedes hablar más en abstracto. Recuerda que en estas etapas ellos tienden a rebelarse y, como eso no es aceptado en sus hogares, validarlos les ayuda mucho.

Pasos para conectar y brindarle a tu niño interior lo que necesita

Este ejercicio se basa en el proceso de comunicación no violenta:

1. Visualiza a tu niño interior y menciona lo que observas usando frases como «Veo que...», «Escucho que...», «Me imagino que...» y descríbelo.
2. Conecta lo que observas con la posible emoción o sensación que piensas que tiene tu niño interior, con frases como «Cuando haces _____, parece que _____».
3. Conecta la emoción con la necesidad que no se satisfizo, usando frases como «Esto ocurre porque necesitas _____».
4. Espera recibir respuestas. Si no resuenan con tus niños interiores, repite los pasos 2 y 3 o pregúntales por qué.
5. Ofrece brindarles algo que les ayude con la emoción y a cumplir la necesidad, con frases que provoquen que ellos decidan como «¿Quieres que _____?», «¿Te gustaría que _____?».

Adapta este ejercicio según la edad de cada niño interior. Te ayudará a seguir conectando y creando confianza con ellos. Recuerda que lo más probable es que internalizaste a una madre que perdió la confianza de sus niños interiores, y en algunos hasta generó miedo. Así que no omitas la recomendación de buscar maneras para conectar con ellos.

MATERNÁNDOME EN EL PRESENTE

A tu mamá o tu figura materna la necesitamos en todo momento, sin importar la edad, pues representa el amor incondicional, el apoyo y la nutrición. Por este medio, te ofrezco una lista con 15 maneras para maternarte. Siéntete cómodo en añadir y quitar las que quieras. Haz la lista que tú necesitas.

1. *Practica la autorreflexión:* Tómate el tiempo para examinar tus pensamientos, sentimientos y acciones, y sé amable contigo mismo durante este proceso.
2. *Haz una pausa para respirar:* Dedica unos minutos cada día para practicar la respiración consciente y relajante, lo que puede ayudarte a reducir el estrés y la ansiedad.
3. *Cultiva la paciencia contigo mismo:* Reconoce que estás en un viaje de crecimiento y aprendizaje, y permítete cometer errores sin juzgarte duramente.
4. *Celebra tus logros, grandes y pequeños:* Reconoce tus éxitos y logros, por mínimos que parezcan, y date el crédito que mereces.
5. *Mantén conversaciones positivas contigo mismo:* Háblate con amabilidad y aliento, como lo harías con un buen amigo.
6. *Establece rituales de autocuidado:* Crea rutinas diarias o semanales que te ayuden a relajarte y revitalizarte,

como tomar un baño caliente, meditar o practicar yoga.

7. *Conéctate con la naturaleza:* Dedica tiempo al aire libre, ya sea dando un paseo por el parque, admirando un paisaje natural o cultivando un jardín.
8. *Practica la compasión hacia ti mismo:* Reconoce tus propias luchas y desafíos, y ámate a ti mismo a través de ellas con comprensión y ternura.
9. *Establece límites saludables en tus relaciones:* Aprende a decir que no cuando lo necesites y a proteger tu espacio personal y emocional.
10. *Acepta tu humanidad:* Reconoce que eres imperfecto y que está bien tener días difíciles o momentos de vulnerabilidad.
11. *Cultiva relaciones de apoyo:* Busca el contacto con personas que te apoyen, te comprendan y te inspiren a crecer y sanar.
12. *Haz espacio para el descanso y la relajación:* Permítete tomar descansos regulares y momentos de ocio para recargar tus energías y renovar tu espíritu.
13. *Encuentra formas de expresar tu creatividad:* Dedica tiempo a actividades artísticas que te inspiren y te permitan expresar tus pensamientos y emociones de manera creativa.
14. *Busca ayuda profesional si es necesario:* No dudes en buscar el apoyo de un terapeuta, consejero o *coach* si sientes

que necesitas ayuda adicional para enfrentar tus desafíos y sanar.
15. *Perdónate a ti mismo:* Reconoce tus errores y fallas, y trabaja en perdonarte para liberarte del peso del resentimiento y la autocrítica.

RECONECTANDO CON LA ENERGÍA DE LA GRAN MADRE

Para terminar este capítulo, te regreso a la energía de la Gran Madre. La Gran Madre es la personificación de la energía femenina primordial y la fuerza creativa que nutre y sostiene toda la vida en la Tierra. Conectar con ella implica honrar y respetar esta energía sagrada dentro de nosotros y en el mundo natural que nos rodea.

Meditación para conectar con la Gran Madre

Para iniciar esta meditación, te recomiendo lo siguiente:

1. Recuéstate en el suelo, idealmente en el pasto o cerca de él.
2. Conviértelo en una pequeña ceremonia personal en la que enciendes una vela, usas algún sahumerio, pones música de meditación de fondo, tienes tu altar o creas uno.

Mientras estás recostado en el suelo, deja que poco a poco tu cuerpo caiga más, sea más ligero y esté apoyado por el suelo. Comencemos con la cabeza, relaja todos los músculos de la frente, los cachetes, la quijada, el cuello. Siente cómo el suelo te recibe y te da el apoyo necesario. Sigamos ahora hacia los hombros, déjalos caer, libera toda la tensión en esta área. Libérala. Continuemos con el pecho, dejando que se abra y reciba el suelo; nota tu respiración, haciendo exhalaciones más largas. Y mientras sigues inhalando y exhalando, orienta tu atención hacia tus brazos y manos. Déjalos caer, suelta toda la tensión que hay en estas zonas. Deja que la ley de la gravedad te brinde el apoyo necesario para descansar. Seguimos con el área del abdomen alto hasta el bajo, aquí se encuentran muchos de tus órganos vitales. Relájala poniendo tu atención por unos segundos en el hígado y agradécele por todo lo que hace, por todo lo que filtra. Luego, ve hacia tus riñones y dales las gracias por filtrar tu sangre. Ahora enfócate en tu aparato digestivo, en cómo se comunica entre sí y se encarga de absorber los nutrientes de lo que consumimos, desde la masticada de la comida hasta la deposición de lo que no nos pertenece. Dale las gracias por ser parte vital de nuestra nutrición. Continúa tu agradecimiento con los pulmones, por todo el trabajo que hacen para recoger el oxígeno y llevarlo al cuerpo. Después concéntrate en tu corazón, asintiendo cada pulso y latido, y agradece su ayuda para bombear la sangre por todo tu cuerpo. Luego, dale las gracias a tu bazo, ubicado al lado izquierdo del abdomen, por todas esas funciones que hace ayudando al sistema linfático y al inmunológico. Ahora recorre la parte baja de tu abdomen, conectemos con nuestra vejiga y agradece su ayuda para liberar lo que no necesitamos a través de la orina. De igual manera, conecta con tu sistema reproductor. Conecta con las funciones que hace, dándole gracias por la fuerza vital que te da. Sigamos ahora con las piernas, baja hasta las pantorrillas y pies, y suelta la tensión hasta que sientas una liberación completa. En los próximos segundos, imagina que te escaneas de la cabeza a los pies y vas a identificar las áreas que todavía tienen un poco de tensión para enviarles la luz necesaria para liberarlas y se dejen recibir por completo por el suelo, por la fuerza de gravedad, por la Gran Madre a través de la madre tierra. Quédate ahí unos segundos, mientras sientes la fuerza de gravedad que te contiene, la que puedes soltar por completo, que te aguanta y sostiene.

En los próximos segundos, la invitación es que te imagines que estás recibiendo una luz dorada o del color que te resuene. Esa luz penetra por la coronilla de tu cabeza y va bajando poco a poco, limpiando lo que falte, y va a deslizarse por tus pies para regresar a la Tierra. Aquí te puedes quedar unos segundos más, sintiendo la luz y la limpieza que viene desde el sol, desde el cielo. O puedes comenzar a regresar conmigo. Para iniciar el retorno, esa luz va a interrumpir su entrada; saldrá lo último de ella por los pies y te sentirás relajado. Percibirás el sostén de la Tierra, reflexionando en cómo puedes retribuirle: ¿Cómo puedes confiar más en la Tierra? ¿Cómo puedes confiar más y mostrarle tus preocupaciones a la Gran Madre? Esta Gran Madre está aquí, dispuesta a sostenerte, a apapacharte, a brindarte lo que necesitas. Ya te ofrece las plantas, los animales, cuerpos de agua, el aire, el fuego, etcétera. Es hora de que lo recibas. Lo recibirás. Esta es la invitación que te ofrece la Gran Madre. Recíbela, pues ella la ofrece para ti, y dale las gracias.

Regresamos poco a poco. Puedes comenzar a mover suavemente los dedos y los pies. A tomar una inhalación y una exhalación profundas. Inhala por la nariz y exhala por la boca. Si estabas acostado, la invitación es que te puedas poner del lado izquierdo, apoyándote en tu hombro. Y todavía con tus ojos cerrados, suavemente, usa tus manos para impulsarte hasta quedar sentado. Ahora da las gracias por ese momento de contención, de relajación, de poder recibir lo que necesitas. Suavemente, abre los ojos y orientándote al espacio. Espero que recuerdes que no estás solo, que eres parte de un ecosistema vivo, que estás aquí para dar y para recibir, en una relación mutua de apoyo, respeto y honra.

Tómate unos minutos para reflexionar o escribir sobre esta experiencia. Puedes regresar a ella cuando desees. Esta medicina es ilimitada.

CONCLUSIONES

Lo que buscas te está buscando. En el gran juego de la vida, cada deseo, cada anhelo, cada aspiración que emerge de tu corazón es una señal, una pista que te guía hacia tu destino. No estás solo en tu búsqueda; el universo conspira contigo, enviando mensajes codificados a través de sincronías, encuentros fortuitos y señales ocultas. Entonces, mantén tus ojos abiertos, mantén tu corazón receptivo, porque aquello que buscas también te está buscando a ti, te está llamando desde el otro lado del horizonte de posibilidades, invitándote a cruzar el umbral de lo desconocido y descubrir tu verdadero ser.

Rumi

Bueno, mi gente, aquí llegamos, a las conclusiones. Hagamos entonces un recorrido que sintetice la información provista en este libro.

Primero, exploramos el concepto de trauma, cómo nos afecta y el plan de autorregulación. Segundo, indagamos en el tema de los traumas ancestrales y cómo estos influyen grandemente a tu linaje, a lo que pasaron y a la madre. Tercero, ahondamos en qué consiste la herida materna, en el rol de los sistemas opresivos en ella, y en cómo se manifiesta. Cuarto, hablamos de los conceptos de «energía femenina» y «masculina», de su influencia en la herida materna y de la importancia de balancearlas. Quinto, iniciamos el recorrido de sanación conectando con la Gran Madre a través de la madre naturaleza. Sexto y último, exploraste qué implica sanar la herida materna, y conociste diferentes prácticas y ejercicios para manejar el dolor de lo que pasó, soltar a la madre que querías y no tuviste, aceptar la que tienes, buscar maternarte en el presente y a tu niño interior, y conectar con la Gran Madre.

Como parte de la conclusión, te propongo hacer la siguiente meditación guiada para promover la integración de todas estas partes tan importantes del camino.

Para comenzar, te invito a que te pongas en una posición cómoda, ya sea sentado o acostado. Pon atención a la temperatura de tu cuerpo, y cómo se compara con la del lugar donde estás. Atiende la calidad de tu respiración y, por último, la de tu corazón y sus palpitaciones. Luego, si te sientes cómodo, cierra los ojos o enfoca tu mirada en un punto que trasmita tranquilidad.

Te invito a que te transportes a un lugar que se sienta sagrado y especial. Observa este sitio, ¿qué es lo que ves? ¿Qué sonidos escuchas aquí? ¿Qué olores hay? ¿Cómo se siente tu piel y cuerpo ahí?

Mientras sigues prestando atención a tus sentidos en este lugar sagrado, te invito a que busques un lugar cómodo en este lugar. Presiente que poco a poco volverás a ver a tus ancestros, los que están bien y tienen la mejor intención para ti y tu familia. Ellos se hacen presentes en este lugar y puedes sentir su amor y apoyo. Se ubican detrás de ti. Sientes su amor y respaldo. Luego, se hacen presentes las personas que encaminan esta travesía llamada vida. Esas personas que te acompañan y ofrecen apoyo. Se ubican a tus lados. Y, finalmente, se presentan tus hijos o futuras generaciones, que se ubican frente a ti. Pausas un momento para sentir toda esta cadena de apoyo que tienes disponible. De igual forma, si tienes alguna otra persona o figura, esta se hace presente y se ubica en un sitio.

Después puedes ver frente a ti a tu niño interior. Este se hace presente en las diferentes etapas de vida que no se sintió amado, y sufre de carencia de amor. Estableces una comunicación con él y le dejas saber que, junto a todo tu grupo de apoyo, le están enviando sanación y amor, y poco a poco comienzas a ver cómo tu niño interior se envuelve en un manto energético que le permite descansar y recibir todo el amor y apoyo necesario.

Tu niño interior se hace a un lado, y ahora ves cómo toda tu red te envuelve en ese mismo manto, y te brindan su amor y comprensión.

Desde este espacio recibes todo ello y, poco a poco, se desvanece tu carencia materna y es remplazada por un amor infinito. Lo recibes.

Ahora te invito a que, desde este estado de plenitud, junto a tu equipo, se imaginen ver de frente al planeta Tierra. Juntos le envían amor y lo envuelven en el mismo manto. Siente cómo todos sus habitantes reciben ese amor materno: son vistos, respetados y validados. Percibes la cadena de efecto que se genera, cómo este amor fluye de persona a persona, y regresa a cada una. Ya no tienen que buscar títulos para ser reconocidos. Ya pueden ser ellos mismos. Sus derechos se han cumplido. Viven en plenitud. Permítete ver el efecto de este amor cósmico.

Así mismo, observa cómo la madre tierra recibe ese amor, y todos sus habitantes son protegidos, cuidados, respetados, y pueden florecer y vivir en plenitud.

Permítete estar aquí el tiempo necesario. Cuando ya te sientas completo, poco a poco iremos regresando, soltando la visión de la madre tierra y sus habitantes, sabiendo que están bien. Regresas la atención al manto a tu alrededor y el apoyo que recibes. Luego vuelves a tu niño interior.

El manto se desintegra porque ustedes lo han absorbido e integrado a su corazón, el tuyo. Van desapareciendo, de tu mirada y espacio, tu niño interior, tus hijos o futuras generaciones, las personas que te acompañan en esta vida y, finalmente, tus ancestros.

Poco a poco regresas al presente, dirigiendo la atención al corazón y sus palpitaciones, a la respiración y a la temperatura de tu cuerpo. Con gentileza, mueve los brazos y manos, los pies y piernas, y añade unos estiramientos de hombros y cuello. Finalmente, abre los ojos suavemente y reoriéntate en tu espacio.

Esta visualización la puedes repetir cuantas veces quieras. Te invito a permitirte un espacio de reflexión escrita antes de continuar leyendo.

Espero que reconozcas el poder que tienes de ayudar a la humanidad. Tu amor nos sana. Tu amor empodera. Tu amor nos une. Nuestro amor es más grande juntos. Juntos podemos ayudar a que nuestra humanidad siga despertando y regresando a estados de mayor plenitud, paz, comprensión y amor. Creo en ti. Creo en nosotros.

Quise traer a la luz una información que no incluí, pero que te invito a explorar en tu camino: la parte kármica o de sanación del alma. Este es un tema que, en mi vida personal, me ha ayudado mucho y que me ha brindado una mirada complementaria. Puedes explorar con practicantes o facilitadores de sanación de vidas pasadas, sanación cuántica, o de registros akáshicos. Además, te invito a que busques aprender más sobre tus raíces aborígenes y de sus métodos de sanación, ya que apoyan en gran medida la parte de sanación ancestral.

Sobre la sanación ancestral, busca facilitadores de este proceso. En la sección «Recursos», incluyo practicantes que conozco o que tienen excelentes referencias. Si ninguno de estos te resuena, busca uno que sí.

También te invito a explorar y buscar transformar las heridas paternas. Este es otro paso muy importante que te puede ayudar a restablecer la conexión con lo masculino de una manera saludable y sostenida, porque parte de su función, o la más importante, es apoyar y proteger a lo femenino. Desde ahí, desde ese balance, es que podemos vivir con mayor plenitud, así como atender y asumir nuestras heridas sin derramarlas en los demás. Es nuestra responsabilidad, no la de papá o mamá.

Quiero felicitarte porque llegaste al final del libro. Reconozco que este trabajo no es sencillo. Está lleno de encontronazos con sombras, toma de conciencia y de responsabilidad, que la mayoría de las personas no quiere asumir. Espero que la inversión de tiempo que hiciste leyendo este libro te dé muchas bendiciones.

Para concluir, te recuerdo que esto se trata de un camino, un proceso, que no tiene fin. Así que ve tranquilo, pero con constancia. Recuerda que no estás solo en la sanación de la herida materna. Busca conectar con comunidades y con otras personas que estén en el mismo sendero. La herida pasó en cautiverio (en el hogar), pero se sana en comunidad.

Por último, te invito a que visites el enlace <https://www.lydianagarcia.com/transforma-tu-herida-materna> donde puedes descargar las meditaciones y recursos del libro y unirte a la comunidad que está sanando la herida materna.

RECURSOS

Sanación ancestral

- Facilitadores de la escuela Ancestral Medicine del doctor Daniel Foor: <https://ancestralmedicine.org/practitioner-directory/> (tienen practicantes hispanohablantes)
- Eva Glamaris, facilitadora de procesos curativos:
  - evaglamaris@gmail.com
  - Instagram: @evaglamaris

Sanación del alma

- Lecturas de registros akáshicos y mucho más: <https://www.semillitaestelar.com/cris-sosa>
- *Coach* de alma y meditación, y mucho más: <https://la-calma.es/sobre-morelia-bueno/>

Para crear tu árbol genealógico

- Doctora María J. Ramírez Magallón, historiadora: mjramirezmaga@gmail.com
- Irisneri Alicea Flores, experta en genealogía: <www.descubretuhistoria.com>

Constelaciones familiares

- Instituto de Constelaciones Familiares Brigitte Champetier de Ribes: <https://www.insconsfa.com/>
- Escuela de Mónica Giraldo: <https://monicagiraldo.us/mis-consteladores/>

ACERCA DE LA AUTORA

La doctora Lydiana García, nacida y criada en Puerto Rico, es una reconocida psicóloga, consteladora familiar y doctora en Filosofía y en Consejería Psicológica por la Universidad Interamericana de Puerto Rico. Con más de 17 años de experiencia, se especializa en sanar traumas familiares y maternos a través de una terapia con enfoque holístico que integra lo ancestral. Su visión transformadora ha sido aclamada por prestigiosos medios como Telemundo y Univision de Los Ángeles, *Oprah Daily*, *LA Times* y el pódcast *Se Regalan Dudas*.

Con una pasión inquebrantable por liberar a las personas del sufrimiento heredado, la doctora Lydiana te invita a explorar tus profundidades, resignificar tu historia y abrazar un bienestar emocional auténtico.

El simbolismo detrás de la portada

La portada de *Transforma tu herida materna* está inspirada en el kintsugi, una práctica japonesa del siglo XV que repara piezas de cerámica con oro, honrando sus fracturas en lugar de ocultarlas. Usé esta imagen como símbolo del proceso de sanación: nuestras heridas, cuando son integradas con amor, pueden transformarse en fuente de fuerza y belleza. No hay intención de apropiación cultural, sino una profunda admiración por esta tradición japonesa. Honramos sus raíces y su sabiduría como inspiración para representar el espíritu del libro.